Daniel A. Kempken wurde im Jahre 1955 in Mönchengladbach geboren. Er hat die Juristerei studiert und danach als Rechtsanwalt und Notar gearbeitet. Davor und zwischendurch war er Fließbandarbeiter, Trödler, ehrenamtlicher Sozialarbeiter und Reiseleiter. Seit 1989 ist er in der Entwicklungszusammenarbeit tätig. Seine Reisen führten ihn in diverse Länder vor allem in Lateinamerika. Gelebt hat er in Deutschland, Spanien, Sambia und Ecuador. Seit 2012 arbeitet er in Honduras.

AF239562

www.danielkempken.de

Daniel A. Kempken

Schlaglichter Uruguay

Highlights und Tipps
Kuriositäten und Geheimtipps

FSC
www.fsc.org

MIX

Papier aus ver-
antwortungsvollen
Quellen
Paper from
responsible sources

FSC® C105338

© 2013 Daniel A. Kempken, Tegucigalpa

Umschlaggestaltung/Layout/Satz:
Konzept · Art · Text Peter Wolff, Mönchengladbach
Herstellung und Verlag: Books on Demand GmbH, Norderstedt
ISBN: 9783848263141

Gestatten,

mein Name war **Mario Palanti,**
geboren 1885 und gestorben 1978

In den 1920er Jahren habe ich die beiden höchsten und außergewöhnlichsten Gebäude Lateinamerikas geschaffen, den Palacio Barolo in Buenos Aires und den Palacio Salvo in Montevideo. Ich war meiner Zeit voraus; die Menschen fanden meine Gebäude schrecklich. So schrieb der deutsche Reiseschriftsteller Richard Katz 1935 in seinem Buch „Zickzack durch Südamerika, Schnaps, Kokain und Lamas" – ein alberner Titel, nicht wahr – über meinen genialen Palacio Barolo: *„Argentinische Baugreuel – ein „barocker" Wolkenkratzer."* Das war schon unverschämt. Uruguays Mario Benedetti bezeichnete den Palacio Salvo doch glatt als folkloristisches Monster und meinte: *„Er ist so hässlich, aber wirklich so hässlich, dass er einem schon wieder gute Laune macht."* Das war auch nicht nett.

In den 1930er Jahren ging ich zurück nach Italien. In meinem Heimatland wollte ich noch grandiosere, noch schrägere Gebäude errichten. Mein Traum war ein verschnörkelter, 80stöckiger Wolkenkratzer in Rom, der ewigen Stadt. Die Baupläne waren fertig, doch mein Genie wurde verkannt. Keins der wundervollen Gebäude wurde je errichtet. Ich finde das schade – ich hoffe, Sie auch.

Der Palacio Salvo in Montevideo (links unten) und der Palacio Barolo in Buenos Aires (rechts oben). Giuseppe Palanti - Portrait of Mario Palanti, 1924. Galleria d'Arte Moderna di Milano - Commune di Milano

Liebe Leserinnen und Leser,

ich suchte ein Land, das man in ein paar Monaten recherchieren kann. Denn mehr Zeit zum Reisen hatte ich nicht. Es sollte in Lateinamerika liegen, durfte nicht sehr groß sein, aber doch so interessant und so schön, dass es sich lohnt, ein Buch darüber zu schreiben. So kam ich auf Uruguay. Je länger ich dort herumreiste, desto mehr hat mich das kleine Land am Río de la Plata fasziniert. Diese Ruhe und Gemütlichkeit, die Uruguay ausstrahlt, das ist einfach wunderbar. Und zu sehen gibt es satt und genug.

Auch dieser Reiseführer folgt den goldenen Regeln aller bisher erschienenen Schlaglichter. Sie sind Lesebuch und Reiseführer zugleich, ein Büchlein für Leute, die

- gerne schmökern
- aber kein dickes Buch mit sich herum schleppen wollen,
- sich im Land zurechtfinden möchten,
- die touristischen Highlights
- und nicht so Bekanntes kennen lernen wollen,
- Spaß an Kuriositäten haben,
- Hotels und Restaurants mit Stil und Authentizität bevorzugen,
- und wissen möchten, welche Bücher und Filme es über das Land gibt.

Und weil Uruguay ein Land voller außergewöhnlicher Geschichten ist, habe ich diesen ein Extrakapitel gewidmet.

Nach Buenos Aires war ich eigentlich nur gefahren, um mir Mario Palantis Palacio Barolo anzuschauen. Als ich dort war, bin ich aus dem Staunen nicht mehr herausgekommen. Das ist ja wirklich das Paris Lateinamerikas. Deshalb der Abstecher nach Buenos Aires, den ich Ihnen, liebe Leserinnen und Leser, nur wärmstens empfehlen kann – es sind schließlich nur drei Stunden mit dem Schiff von Montevideo.

Willkommen am Río de la Plata

Ihr Daniel Kempken

Danksagung

Großen Dank schulde ich meiner Frau Ingrid und Carsten Schneider für das Lektorat, Ulla Preis und Peter Wolff für die Gestaltung des Buches.

Inhalt

1. Schlaglicht
Versuchs mal mit Gemütlichkeit –
Ein Portrait des Landes

Ein schier unendlich weites Land

Der offizielle Name des Landes ist „Republik östlich des Uruguay". Das Wort Uruguay wiederum kommt aus der indigenen Sprache Guaraní und bedeutet soviel wie „Fluss der bunten Vögel". Wenn Sie Uruguay besuchen, fahren Sie also genau genommen in das **Land östlich des Flusses der bunten Vögel**.

Mit seinen 176.000 Quadratkilometern ist Uruguay nur halb so groß wie Deutschland. Argentinien ist 18 Mal größer als Uruguay, und in das gigantische Brasilien würde das Land sogar 48 Mal hineinpassen. Uruguay, ein David, der von gleich zwei Goliaths umzingelt ist, ein ruhiger David. Im Vergleich zum schillernden Argentinien hat die Republik östlich des Uruguay tatsächlich einen leicht ostigen

Touch, obschon es den real existierenden Sozialismus in Uruguay nie gegeben hat. Das Land strahlt eine ungeheure Ruhe aus; es ist ein **entspanntes Fleckchen Erde**.

Die Menschen haben sich eine fast schon altmodische Gelassenheit bewahrt, eine mentale Lebensqualität, die anderswo von Globalisierung und Internet längst auf das Abstellgleis der Geschichte gestellt wurde. Vielleicht hängt die fast **allgegenwärtige Gemächlichkeit** damit zusammen, dass Uruguay die Bevölkerung mit dem höchsten Durchschnittsalter in ganz Lateinamerika hat. Vielleicht hat es aber auch mit dem außergewöhnlich hohen Grad an Bildung zu tun, der das Land und seine Menschen schon von jeher auszeichnet. Oder es liegt ganz einfach daran, dass man sehr viel Platz hat.

Uruguay ist mit seinen gerade einmal dreieinhalb Millionen Einwohner/innen das Land mit der geringsten Bevölkerungsdichte Lateinamerikas. Es gibt viermal so viele Rinder wie es Menschen gibt. Die Weite des Landes ist schier unendlich, hier und da aufgelockert von Flüssen, Seen oder Baumgruppen. **Plattes Weideland**, soweit das Auge reicht. Nur ein paar Hügel und Felsen sind malerisch in die Pampa gestreut; der höchste „Berg", muss sich mit gerade mal 513 Metern begnügen. Das weite Land am Río de la Plata ist die melancholische, auf den ersten Blick unspektakuläre Heimat der Gauchos,

der Rinderherden und der wunderschönen Pferde mit herrlich glänzendem Fell. Wenn hinter diesem Panorama glutrot die Sonne sinkt, ist die Marlboro-Stimmung perfekt.

Mieten Sie sich ein nicht zu schnelles Auto und lassen Sie diese wundervoll stille Landschaft an sich vorbeigleiten. Oder fahren Sie mit einem der recht komfortablen Überlandbusse, die mit höchstens 90 Stundenkilometern über unendlich lange Geraden schleichen, die oft so glatt sind wie ein asphaltierter Kinderpopo. Das Schleichen hat rein gar nichts mit lateinamerikanischer Laissez-faire-Mentalität zu tun. Die Busse fahren pünktlich los und kommen auch pünktlich an – **die Langsamkeit ist fahrplanmäßig**. Vielleicht möchte das gemächliche Land uns sagen: Versuchs' mal mit Gemütlichkeit – es tut der Seele gut.

Am Río de la Plata und am Atlantik ist Uruguay von mehr als 500 Kilometer wunderschönem Sandstrand eingefasst. Hinzu kommen die Strände am Río Negro und anderen Flüssen im Landesinneren; so wundert es nicht, dass in manchen Publikationen von insgesamt **1000 Kilometer Sandstrand** die Rede ist.

In der Republik östlich des Uruguay ist nicht nur der Natur **Großes gelungen**: Uruguay war im Jahr 1930 der erste Fußballweltmeister überhaupt; 1950 ist dem kleinen Land der Coup noch

einmal gelungen. In Frey Bentos stand eine der größten Industrieanlagen Lateinamerikas. In den 1950er Jahren hatte Uruguay ein Bruttosozialprodukt pro Kopf, das so hoch war wie in Frankreich; man sprach von der Schweiz Lateinamerikas. Nicht nur die Vergangenheit kann punkten. In den letzten zehn Jahren hat Uruguay weithin beachtete Wachstumsraten erwirtschaftet. Seinen Banken ist es gelungen, an den alten Nimbus der Schweiz Lateinamerikas anzuknüpfen. Punta del Este ist eins der renommiertesten Strandbäder Lateinamerikas. Jährlich kommen etwa **2,5 Millionen Touristen** nach Uruguay, ungefähr so viele wie in das grandiose Peru; doch Uruguay schafft das ohne Machu Pichu, ohne die Goldschätze der Inkas, ohne tropischen Regenwald und mit nur einer wirklich bedeutenden Kolonialstadt. Fahren Sie mal hin, denn so viele Feriengäste können nicht irren. An diesem kleinen, gemächlichen Land, das nicht mehr Einwohner als Berlin hat, muss was dran sein.

Ein paar Stichworte:

Man kann ihm einfach nicht aus dem Wege gehen, José Gervasio **Artigas**, dem Helden der Nation. Jede Stadt, jedes Städtchen, jeder noch so kleine Weiler hat dem Freiheitskämpfer einen Ehrenplatz eingeräumt, auf einem Sockel, hoch zu Ross oder einfach nur als Büste. Besonders wohl fühlen sich seine Abbilder aus Stein, Bronze oder gar Marmor auf den zentralen Plätzen, Angesicht zu Angesicht mit einer Kathedrale oder einem kolonialen Rathaus. In dem kolossalen Artigas-Mausoleum auf der Plaza Independencia in Montevideo könnten locker die sterblichen Überreste einer ganzen Herrscherdynastie untergebracht werden. Dabei war sein im Jahre 1815 ausgerufenes, unabhängiges Uruguay genau genommen nicht viel mehr als ein untauglicher Versuch. Knapp zwei Jahre später gelang es den Portugiesen, große Teile Uruguays zu besetzen. Nach verzweifelten Rückzugsgefechten ging Artigas 1820 ins Exil nach Paraguay. Erst lange Zeit nach seinem Tode kehrte der Freiheitsheld in seine Heimat zurück, als Denkmalonkel Nummer 1. Trotz seiner Niederlagen ist er beliebt, ja verehrt in Uruguay. Denn Artigas hatte ein für die ausgehende Kolonialzeit bahnbrechendes, ja revolutionäres Staatsverständnis: er kämpfte für eine föderale Republik und für eine Agrarreform.

Uruguay ist ein Eldorado für alle, die keinen Bock auf glatte, stilechte Architekturwunder haben, die man auch anderswo entdecken kann. Das Land hat eine geradezu magische Anziehungskraft für **abgefahrene Bauherren** mit ihren genialen, oft reichlich **schrägen Architekten**. Da setzte der Ausnahmearchitekt Mario Palanti seinen enigmatischen Palacio Salvo mitten auf die damals noch koloniale Plaza Independencia in Montevideo. Der umstrittene Mogul Natalio Michelizzi beglückte den Strand von Atlántida mit einem bewohnbaren Adler aus Stein. Ein Stück weiter ließ er ein Hotel errichten, das aussieht wie ein gestrandetes Kreuzfahrtschiff. Ebenfalls in Atlántida schuf Eladio Dieste eine Kirche mit Dauerwelle in den Außenwänden. In der kleinen Feriensiedlung

Kirche mit Dauerwelle:
„Parroquia del Cristo Obrero"

Villa Serrana in der Provinz Lavalleja gibt es ein Hotel, das aussieht wie ein Adlerhorst mit Panoramascheiben, ein Stück weiter schwebt eine Art Schublade über dem Abhang. Humberto Pittamiglio hielt es mit der Alchemie und der Esoterik; und genauso

Erinnert an ein Schiff: „Edificio El Planeta" in Atlántida

sehen seine beiden Schlösser aus. Sie stehen in Montevideo und in Las Flores nicht weit vom Strandbad Piriápolis. Francisco Piria wiederum gab eine Kirche in Auftrag, die von der Katholischen Kirche nicht angenommen wurde; denn auch dieses Gebäude enthielt rätselhafte, alchemistische Symbole. Auch in jüngerer Zeit sind immer wieder außergewöhnliche Gebäude entstanden: Carlos Páez Vilaró schuf bei Punta del Este die futuristische Casapueblo – Jugendstilmeister Antonio Gaudí lässt grüßen. Carlos Ott, der Architekt der Pariser Oper beschenkte die Hauptstadt seines Landes mit einem wunderschönen Flunder-Flughafen und dem schicken Antel-Hochhaus, das seine Spitze megaelegant in den Himmel reckt. Es kann nicht anders sein; ausgefallene Baukunst liegt den Uruguayern im Blut.

Auch in Sachen Literatur ist Uruguay gut drauf. **Bücher** werden geschätzt; zu Recht, denn gute Schriftsteller/innen gibt es gleich im Dutzend. Die berühmtesten Autoren sind Juan Carlos Onetti, Eduardo Galeano und natürlich der unvergleichliche Mario Benedetti, mein persönlicher Favorit. Benedetti, der Meister der einfachen Sprache, der bewegenden Stimmungen und der treffsicheren Verse. Wenn andere Autoren über zwei oder drei Seiten lang schwafeln, drückt Benedetti dasselbe in drei Sätzen aus, drei Sätze, die passen. Alltagsszenen bekommen bei Benedetti etwas Tiefgründiges; und wenn er – wie in seinem Roman „Frühling im Schatten" ein Kind so schwierige Sachen wie Freiheit oder Amnestie erklären lässt, dann klingt das einfach genial.

Ein ganz außergewöhnliches Tier ist der **Carpincho**; in anderen südamerikanischen Ländern heißt er Capibara. Auf Deutsch nennt man ihn Wasserschwein, obwohl er gar kein Schwein ist. In Wirklichkeit ist der knuffige Geselle mit dem eckigen Kopf das größte Nagetier der Welt. Man findet ihn in Tiergärten und mit ein bisschen Glück auch schon einmal auf einem Bauernhof.

Uruguay ist sehr **europäisch** geprägt. Natürlich gibt es viele Nachkommen der Spanier. Die Einwohner der Provinz Canelones, die Montevideo umgibt, werden nicht nur Canarios genannt, sie bezeichnen sich auch selber als Kanaren. Denn tatsächlich haben sich viele Menschen von den Kanarischen Inseln hier niedergelassen; sie gehörten zu den ersten Siedlern Uruguays überhaupt. Damals lagen die Kanarischen Inseln sozusagen am Ende der Welt. In der Vor-Neckermann-Zeit konnte man dort wirtschaftlich nicht viel reißen. Da waren die Perspektiven in Uruguay schon bedeutend besser. Dies hat auch Leute aus anderen Teilen Europas angezogen, hauptsächlich Italiener, aber auch nicht wenige aus deutschsprachigen Ländern. Etwa 50 Kilometer östlich von Colonia del Sacramento haben Schweizer die Colonia Suiza gegründet. Heute heißt das Städtchen Nueva Helvetia; hier erinnert noch so einiges an die europäische Heimat, einschließlich der Löcher im allseits beliebten Käse. Es gibt etwa **40.000 Deutschstämmige** in Uruguay. In den Menoniten-Kolonien Gartental (zwischen Fray Bentos und Paysandú an der *Ruta 24*), El Ombú (an der *Ruta 3* etwa 40 Kilometer südlich von Young) und Delta (etwa 95 Kilometer von Montevideo in Richtung Colonia del Sacramento) wird sogar noch Deutsch gesprochen. Weniger bekannt ist, dass etwa zehn Prozent der Bevölkerung Uruguays afrikanische Wurzeln haben. Es sind Nachfahren der Sklaven, welche die Kolonialherren dereinst nach Südamerika brachten.

Nach zwei Weltmeistertiteln in den Jahren 1930 und 1950 wurde es international lange Zeit still um Uruguays **Fußball** – was der

Begeisterung für das Spiel mit der Lederkugel keinen Abbruch tat. Damals wie heute sind die Partien zwischen Peñarol und Nacional, den beiden Traditionsclubs aus Montevideo die wichtigsten Ereignisse im Lande. 2010 leuchtete endlich auch der internationale Fußballstern wieder ziemlich hell – Uruguay wurde Vierter bei der Weltmeisterschaft. Das imposante Estadio Centenario in Montevideo, in dem schon bei der ersten Weltmeisterschaft 1930 gespielt wurde und das angeschlossene Fußball-Museum sind ein Muss für alle Fußballfans.

Im Süden des Landes sind sie so gut wie ausgestorben. Doch im Norden von Uruguay gibt es sie noch, die **Gauchos**; nicht nur die, die sich als Gauchos verkleiden und auf Volksfesten oder in Touristenlokalen auftreten. Es sind harte Jungens, Viehhirten und Landarbeiter, die auf den Farmen übernachten, wo sie gerade arbeiten, bevor sie dann mit ihren Pferden weiterziehen. Und wenn mal wieder eine Herde von einer Estancia zur anderen getrieben werden muss, dann schlafen sie auch im Freien, nur durch ihren Hut und ihren Poncho vor Wind und Wetter geschützt. Ein freies Leben, aber nichts für Warmduscher. Im 17. und im 18. Jahrhundert, als die großen Landgüter, die Estancias, noch nicht eingezäunt waren, da lief das Ganze noch einen Tick ungezwungener ab. Die Gauchos lebten von unzähligen Rindern, die einfach so durch die Pampa streiften und niemandem gehörten. Heute erinnert ein großes Gaucho-Denkmal vor dem Gebäude der Stadtverwaltung in Montevideo an die alte Zeit und hält die Gaucho-Kultur in Ehren.

Der **Ñandu** ist die uruguayische Variante des Straußenvogels, der Pampa-Strauß sozusagen. Er kann fast so groß werden wie ein Mensch. Dabei legt der Laufvogel Wert auf einen schweren Leib und ein kleines Hirn. Seine Eier wiegen locker anderthalb Pfund und können gegessen werden. Sein Fleisch ist lecker und sein Leder schick. Dennoch lungern die ungelenken Vögel im Norden des Landes völlig unbehelligt zwischen den Viehherden herum. Denn sie stehen unter Naturschutz. Nur Fotografieren ist erlaubt. Dabei ist der

Ñandu durchaus anpassungsfähig. Der Pampa-Strauß ist sogar bei uns in Deutschland heimisch geworden. Im Jahre 2000 sind einige von ihnen aus einer Straußenfarm in Schleswig-Holstein ausgebüchst. Sie haben sich fortgepflanzt und werden bisweilen in der norddeutschen Tiefebene gesichtet.

Ein kleiner Ausflug in die **Politik**: Seit der Unabhängigkeit im Jahre 1825 lag das Wohl und Wehe des Landes in der Hand von zwei Parteien: die Partido Nacional mit der Farbe weiß repräsentierte die Vermögenden auf dem Land; die liberale Partido Colorado mit der Farbe rot stand dem städtischen Bürgertum näher. Die Weißen und Roten wechselten sich in der Regierung ab, manchmal hatten sie auch eine Art große Koalition. So verkrustete denn auch so einiges über die Jahre. Erst in den 1990er Jahren bekamen die alt eingesessenen Weißen und Roten eine bunte Konkurrenz, die Frente Amplio, ein breiter Zusammenschluss von eher links orientierten Gruppierungen bis hin zu Teilen der ehemaligen Stadtguerilla der Tupamaros. Die Frente Amplio ist seit 2004 an der Regierung, Präsident José (Pepe) Mujica ein ehemaliger Tupamaro. Wenn über Politik gesprochen wird, kommt man unweigerlich auf die Militärdiktatur, die Uruguay zwölf lange Jahre (1973 bis 1985) gegeißelt hat – etwas, das in diesem ruhigen, friedlichen Land eigentlich unvorstellbar ist. Und dennoch war es so. Ein nationales Trauma, das auch heute noch eins der wichtigsten Themen der uruguayischen Literatur ist.

Der Río de la Plata und auch der Atlantik sind vor der Küste Uruguays voll von **Schiffswracks**. Manche liegen schon seit der Kolonialzeit auf Grund. Besonders von Seeleuten gefürchtet war die Gegend um Cabo Polonio. Alleine an diesem Küstenstreifen hat der uruguayische Heimat- und Schiffbruchforscher Juan Antonio Varesa in seinem Buch „De Naufragios y Leyendas de las Costas de Rocha" sage und schreibe 48 versunkene Schiffe dokumentiert. Na, wenn da nicht noch irgendwo ein Schatz zu heben ist. Doch wer nicht gerade Taucher ist oder eine ganz besondere Spürnase hat, wird von all den Wracks an besagtem Küstenstreifen nur wenig entdecken.

Ich habe lange herumgefragt und gesucht, aber lediglich ein paar Kilometer nördlich von dem Ferienörtchen Aguas Dulces die nicht besonders beeindruckenden Reste des 1969 gesunkenen Frachters El Cocal aus den Fluten ragen sehen – und mir dabei nasse Füsse eingehandelt. Doch davon sollten Sie sich nicht entmutigen lassen. Schliemann hat Troja schließlich auch nicht auf Anhieb gefunden. Die spektakulärsten Havarien sind übrigens in dem etwas skurrilen Museo de Naufragios y Tesoros in Real San Carlos bei Colonia del Sacramento so lustig dokumentiert, dass auch Kinder ihren Spaß haben.

Schon Anfang des 20. Jahrhunderts entstand in Uruguay unter der Regentschaft des Ausnahmepolitikers José Batlle y Ordoñez ein moderner Sozialstaat, der es zu beträchtlichem Wohlstand brachte. So richtig geboomt hat das Ländle am Silberfluss Ende der 1940er und in den 1950er Jahren; man nannte Uruguay mit Fug und Recht die **Schweiz Lateinamerikas**. Doch spätestens Ende der 1960er waren die fetten Jahre vorbei. Letztlich war es der wirschaftliche Niedergang, der in die Militärdiktatur führte. Auch die Wirtschaft kriegten die Militärs nicht auf die Reihe; alles wurde nur noch schlimmer. Erst im 21. Jahrhundert hat sich Uruguay wirtschaftlich wieder so richtig gemausert und weist konstante Wachstumsraten auf, die in den letzten 10 Jahren durchschnittlich über 5% lagen; selbst in der Wirtschaftskrise 2009 wurden noch 2,9% Wachstum erwirtschaftet. Durch eine Politik des freien Kapitalverkehrs ist Montevideo zu einem bedeutenden Finanzzentrum der Region geworden.

Die drei bekanntesten **Städte** Uruguays liegen auf Landzungen, die neugierig in den Río de la Plata ragen: die Hauptstadt Montevideo, das Weltkulturerbe Colonia del Sacramento und das schicke Strandbad Punta del Este. Mit seinen 1,3 Millionen Einwohnern/innen ist Montevideo die mit weitem Abstand größte Stadt Uruguays; hier lebt fast die Hälfte der Bevölkerung des Landes, hier werden alle wichtigen Entscheidungen getroffen. Die zweitgrößte Stadt ist Salto am Río Uruguay mit gerade einmal 100.000 Leuten – welch ein Unterschied!

Punta del Este auf seiner Landzunge

Montevideo

Río de la Plata

1. Plaza Independencia
2. Plaza Cagancha
3. Plaza Constitución
4. Teatro Solís
5. Mercado del Puerto
6. Estación Central José Artigos
7. Palacio Muncipal (Stadtverwaltung)
8. Mercado de Abundancia
9. Estación Tres Cruces
10. Parque Rodó, Punta Cassetas
11. Palacio Legislativo

Rambla Franklin D. Roosevelt
Rambla 25 De Agostode 1825
Rambla Francia
Rambla Gran Bretaña
Rambla República Argentina

Río Branco
Avenida 18 de Julio
San Jose
Canelones
25 de Mayo
Sarandi

2. Schlaglicht
Montevideo

Altmodisch europäischer Charme – ein bisschen wie Berlin-Kreuzberg vor dem Mauerfall

Montevideo ist herrlich gelegen – auf einer Landzunge, die in den Río de la Plata hineinragt. Im Westen steht eine altertümliche Festung auf einem flachen Hügel, dem Cerro Montevideo, nach dem die Stadt auch benannt ist. Als die ersten portugiesischen Seefahrer hier ankamen, sollen sie gerufen haben: **Monte video – ich sehe einen Berg**. Berg ist vielleicht etwas übertrieben bei ganzen 132 Metern, – aber wenn es weit und breit keine andere Erhebung gibt. Immerhin hat man von dort einen schönen Blick über die ganze

Stadt mit ihren ausgedehnten Hafenanlagen, die von der zentralen Bedeutung der Hauptstadt für die Wirtschaft des ganzen Landes erzählen. Dahinter schließen sich im Osten der Halbinsel kilometerlange, helle Sandstrände an. Montevideo ist Überseehafen und Strandbad zugleich.

Im Vergleich mit dem auf der anderen Seite des Río de la Plata liegenden, schillernden Buenos Aires wirkt Montevideo bescheiden. Manche sagen auch, es sei die langweilige, kleine Schwester der argentinischen Diva. Doch ganz so langweilig ist die Stadt mit dem altmodisch europäischen Charme nicht. Sie hat **viele, sehr unterschiedliche Gesichter**. Wenn ich durch ihre älteren Teile streune, wirkt Montevideo auf mich wie eine **mediterrane Version von Berlin-Kreuzberg vor dem Mauerfall**. In ewigem Grau trotzen herrliche Gründerzeitbauten dem Zahn der Zeit, verschont von Sanierungswut und Puppenstuben-Restaurierung. In Montevideo gibt es noch authentisch bröckelnde Fassaden mit stimmungsvoll blätternder Farbe. Sie machen die Stadt zur idealen Kulisse für melancholische Spielfilme aus der Al Capone-Zeit. Etwas Schwermütiges, Melancholisches, bisweilen fast schon Depressives kann man bei dem Ganzen nicht leugnen – im Zentrum dominiert die Farbe grau. Passend dazu wurde der in Montevideo uraufgeführte, nicht gerade fröhliche Tango „La Cumparsita" quasi zur zweiten Nationalhymne. Auch der Antiheld aus Mario Benedettis erfolgreichem Montevideo-Roman „Die Gnadenfrist" und der Sockenfabrikant aus dem Film „Whisky" sagen uns erst einmal „Bonjour Tristesse". Deshalb aber gleich von einer Nekropolis der zerbrochenen Träume zu sprechen (vgl. den Montevideo-Artikel auf www.schwarzaufweiss.de), halte ich indes für maßlos übertrieben.

Nostalgisch und charmant ist das Ganze nämlich auch. An der breiten Küstenstraße, den Ramblas, die im Osten des Zentrums an den **fantastischen Sandstränden** entlang laufen, wirkt Montevideo fast schon mediterran. Von der Innenstadt fällt der Blick immer wieder durch romantische Straßenfluchten auf den silbrig glänzenden Río de la Plata. **Tausende von Platanen** säumen die patinierten Altbauten, spenden Schatten, Sauerstoff und Ambiente.

Montevideo zählt zu den Städten dieser Welt, in denen an so mancher Stelle die Zeit stehen geblieben scheint und der Globalisierung vertrauensvoll die Hand schüttelt: Da arbeiten Schuster und Schreiner in Läden, die aussehen wie vor hundert Jahren; und gleich nebenan werden in schick aufpolierten Geschäften Blackberries und iPhones angeboten. Ein Wermutstropfen für Nostalgiker: Die vielen **Oldtimer**, die Montevideos Straßen noch vor zehn Jahren so zahlreich bevölkert haben, sind fast ausgestorben. Einzig die US-amerikanischen Pick-Ups aus den 1950er Jahren scheinen eine etwas längere Lebenserwartung zu haben. Hier und da sieht man noch einen der sympathischen Blechdinosaurier traurig durch die Gemarkung zuckeln.

Das **Wetter in Montevideo** hat fast genauso viele Gesichter wie die Stadt. Statistisch gesehen gibt es etwa doppelt so viele Sonnenstunden wie in Berlin. Doch es ist auch gerne mal unangenehm feucht, windig und sehr grau; na ja, und dann sind wir halt wieder bei dem Vergleich mit Kreuzberg.

Highlights:

In der legendären Confitería La Giralda an der Plaza Independencia wurde 1917 zum ersten Mal „La Cumparsita" gespielt, eine Melodie, die zu einem der berühmtesten Tangos aller Zeiten wurde. Kein Wunder, dass viele Menschen sich ereiferten und andere nur mit dem Kopf schüttelten, als zehn Jahre später ausgerechnet an dieser Stelle ein riesiges Zuckerbäcker-Hochhaus errichtet wurde. Mit Erkern wie Patronenhülsen und putzigen Harry-Potter-Fensterchen kommt der 105 Meter hohe **Palacio Salvo** so schräg und verspielt daher, dass viele Leute ihn einfach schrecklich finden mussten. Auch National-Schriftsteller Mario Benedetti wusste nicht so recht, was er von dem eigenwilligen Gebäude halten sollte. 1960 schrieb er in seiner „Gnadenfrist": „Dieses folkloristische Monstrum des Palacio

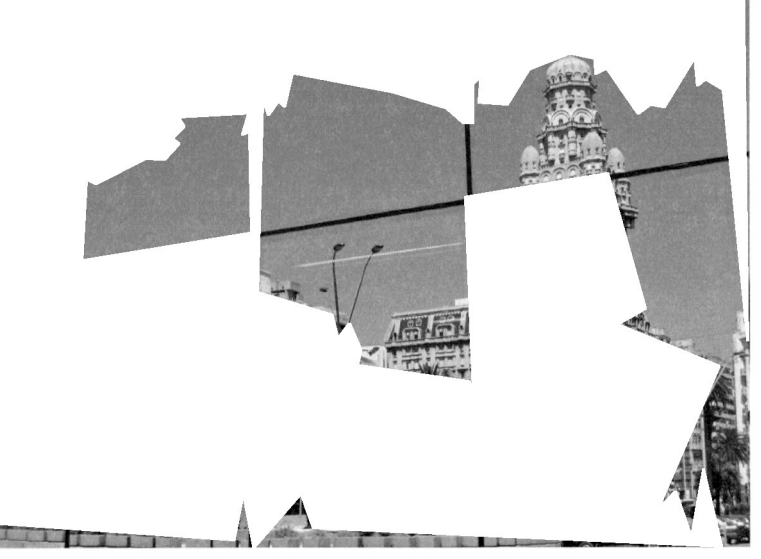

Unbestrittener Blickfang auf der Plaza: der eigenwillige Palacio Salvo

Salvo habe ich richtig lieben gelernt. Nicht umsonst findet man ihn auf allen Ansichtskarten. Er ist so etwas wie das steinerne Abbild unseres Nationalcharakters: dreist, fade, überladen und liebenswert."

Architekt des schicken „Monstrums" war der Italiener Mario Palanti, der fünf Jahre zuvor den noch etwas extravaganteren, aber dafür um ein paar Meter niedrigeren Palacio Barolo in Buenos Aires gestaltet hatte. Bis 1935 war der Palacio Salvo mit seinen 27 Stockwerken das höchste Gebäude Lateinamerikas. Längst ist er allen Anfeindungen zum Trotz zum **Wahrzeichen Montevideos** geworden und noch heute das höchste Wohnhaus der Stadt. Das futuristische Teil war ursprünglich als Hotel gedacht; schade, dass keins draus geworden ist. Auch schade, dass man nur einen ganz kleinen Teil vom Innenleben des Gebäudes besichtigen kann. Ein resoluter Concierge bewacht das Foyer wie die Himmelspforte; und so wollen die Gerüchte nicht verstummen, dass der Palast geheime Verließe birgt, in denen finstere Logen ihre geheimnisvollen Rituale pflegen. Ganz neu und sehr nett: das winzige **Café Salvo** in dem prächtigen Arkadengang mit einem schönen Blick auf die Plaza Independencia.

Bevor wir uns die Stadt näher anschauen, hier noch zwei Highlights für den Abend: Im Gebäude des ehrwürdigen Teatro Solís an der Plaza Independencia wird nicht nur Theater gespielt. Im vorderen Seitenflügel verbirgt sich eins der wenigen Spitzenrestaurants der Stadt: Das **Rara Avis**, ein Traum im Grundton rot; modern und dennoch kuschelig. An den Wänden hängen acht großformatige Gemälde schöner Frauen, und die Klavierspielerin lässt von einer Art Empore sanfte Töne in den Raum tropfen. Das ist schon sexy, und vom Essen werden Sie auch nicht enttäuscht sein. Für Tango zuständig und eine Institution: die **Baar Fun Fun** direkt hinter dem Teatro Solís, die sich tatsächlich mit Doppel-a schreibt; eine mehr als 115 Jahre alte Spelunke, in der Sänger und Tangopaare auftreten, Kleinkunst ganz, ganz groß – 5 Sterne fürs Ambiente. Natürlich war auch der berühmte Carlos Gardel einmal hier und hat eine Uvita getrunken, das Hausgebräu, das nach einem sorgsam gehüteten Rezept gemischt wird. Das Fun Fun ist geöffnet von Mittwoch bis Samstag.

Tipps:

An der **Plaza Independencia** schlägt das Herz Montevideos. Hier beginnt auf der einen Seite die quirlige und einzige wirkliche Geschäftsstraße, die Avenida 18 de Julio. Auf der anderen Seite betritt man die stimmungsvolle Altstadt. Unbestrittener Blickfang auf der Plaza ist der eigenwillige Palacio Salvo. Ansonsten hat sich von der Kolonialzeit bis heute eine Art **Patchwork-Familie aus Stein und Beton** eingefunden. Der koloniale Palacio Estévez und das elegante Teatro Solís glänzen als perfekt restaurierte Zeugen der ehrwürdigen Stadtgeschichte. Auch die schräg gegenüber stehenden, realsozialistisch angehauchten Klötze waren einmal angetreten, um zu glänzen. Doch schon bald wurden sie zu Schmuddelfinken im tristen Grau. Dann gibt es noch ein Haus im lupenreinen Jugendstil und ein paar Hochhäuser ganz ohne Stil. Eingekeilt zwischen alle dem geht die Asbach-uralte **Puerta de la Ciudadela** fast unter. Das Tor ist Überbleibsel einer mächtigen, im 18. Jahrhundert errichteten

Festungsanlage, die später der heutigen Plaza weichen musste. Bitte nicht übersehen! Beim besten Willen nicht zu übersehen ist indes der **Freiheitskämpfer José Gervasio Artigas**. Er thront hoch zu Ross in der Mitte des Platzes und betrachtet die Wunder der Baukunst. Das unter diesem XXL-Denkmal angelegte **Mausoleum** stammt aus der Zeit der Miltärdiktatur – und so sieht es auch aus, ein absolutes Muss für die Erlebnissammlung aller Fans des Totenreiches: eckig, finster, und monumental. Soldaten, starr wie Wachsfiguren halten mit trüben Augen Wache – einfach megagruftig.

Wer von der Plaza Independencia hinunter auf die **Calle San José** geht, kann sich denken, wie ich auf den Vergleich mit Berlin-Kreuzberg vor dem Mauerfall gekommen bin. Holpriges Pflaster und mausgraue Häuser. Von Autoabgasen gebeutelte Straßenbäume trösten die löcherigen Fassaden mit ihrem Schattenwurf. Doch je weiter man die Calle San José in Richtung Neustadt geht, desto mehr nette Restaurants und Kneipen reihen sich aneinander. Gut gefallen und geschmeckt hat es mir in dem seit mehr als 30 Jahren existierenden **El Fogón**, ein angenehmes Lokal im Bistrostil mit einem flackernden Grill, dessen Flammen dem Gastraum ein heimeliges Ambiente geben (*Calle San José 1080*). Das **Ruffina** auf der *Calle San José 1166* ist ein kleines, kuscheliges Italo-Restaurant, so wie wir es in Europa mögen – nur die Pizza ist mindestens so dick wie ein Butterbrot. Dann nennt sie sich Napolitana; die „klassische" Pizzavariante legt noch einen drauf und erreicht echtes Großstullen-Format.

Etwas für Freunde von Industriegeschichte: wenn man die Calle Convención hinunter zum Meer geht, stößt man auf eine stillgelegte **Gasfabrik** mit einem britisch anmutenden Uhrturm, an dem ein paar Gruselfilm-Glocken hängen. Besichtigen kann man das morbide Ensemble leider nur von außen.

Ein Bummel durch die Altstadt beginnt an der Plaza Independencia mit der schicken Calle Sarandí mit ihren feinen Geschäften, Galerien und Lokalen. Schon bald ist man an der **Plaza Constitu-**

ción mit ihrer hübschen Kathedrale, ein paar weiteren historischen Gebäuden, einem hübschen Brunnen und dem feinen Club Uruguay. Hier trifft sich seit 1888 die vornehme Gesellschaft in Montevideo. Wer höflich fragt, wird mit ein bisschen Glück hineingelassen und kann die prächtigen Säle bewundern. Auch ein Blick in den Eingang mit seinen opulenten Marmorsäulen ist nicht zu verachten. Oder bestellen Sie einen leckeren Kaffee im Straßencafé vor der reich verzierten Gründerzeitfassade.

Nach der Kaffeepause lassen Sie sich einfach durch die umliegenden Straßen und Gassen treiben. Schon bald werden die Geschäfte einfacher und seltener, dafür blättert mehr Putz von den Mauern der alten Häuser. Sind Sie die Calle Sarandí weiter nach Westen gegangen, landen Sie auf einer langen **Mole**, die weit in den Río de la Plata hinein ragt. Von dort hat man einen schönen Blick auf die Stadt. Wer sich weiter rechts hält, kommt zum **Mercado del Puerto**, der ehemaligen Markthalle am Hafen. Sie beherbergt eine urgemütliche Ansammlung von Restaurants mit Breitband-Grills, auf denen ganze Berge von Steaks und Bratwürsten brutzeln. In der Mitte steht eine englische Uhr; die für die vorletzte Jahrhundertwende so typische Stahlkonstruktion des Marktes hat was. Genauso das Zollgebäude, ein massiver Betonklotz aus dem Jahre 1923 mit einem schlanken Turm, der seine Nase 76 Meter in den Himmel streckt. Neben dem Zoll ist eine Sammlung von Ankern, Ketten und sonstigem Seemannskram ausgestellt, u.a. ein Denkmal mit dem Originalanker des deutschen Panzerkreuzers Admiral Graf Spee. Zu diesem Bereich hat man allerdings nicht immer Zutritt.

Wer lieber ins Museum geht, für den/die bietet sich die **Casa Garibaldi** auf der *Calle 25 de Mayo 314* an. Hier hat von 1841 bis 1848 der berühmte italienische Freiheitskämpfer Giuseppe Garibaldi gewohnt, als es ihm in Italien zu ungemütlich wurde – und drei Kinder gezeugt, ganz züchtig mit seiner Frau Anita Ribeiro de Garibaldi. Oder gehen Sie in die **Casa Romántica** auf der *Calle 25 de*

Mayo 428; ein großbürgerliches Wohnhaus, in dem man bestaunen kann, was Luxus in der 2. Hälfte des 19. Jahrhunderts bedeutete.

Auch wenn Uruguay sonst so friedlich ist – in der Altstadt von Montevideo gibt es **Überfälle**; abends und nachts ist ein Spaziergang durch die weniger gepflegten Teile der Altstadt daher nicht zu empfehlen.

Es macht auch Laune, sich durch die bunte **Avenida 18 de Julio**, die lebendige Schlagader Montevideos treiben zu lassen, vorbei an all ihren Geschäften und Einkaufspassagen, an mit Säulen und Türmchen verzierten Gebäuden der vorletzten und verspiegelten Bürohäusern der letzten Jahrhundertwende, vorbei an Plätzen mit Cafés zum Verweilen und Denkmälern zum Betrachten oder Fotografieren. Sehr originell das London-Paris-Gebäude an der Plaza Fabiani: auf seiner schicken Kuppel hockt ein Gnom mit einer stilisierten Weltkugel auf den Schultern. Auf dem klotzigen Hochhaus der Stadtverwaltung gibt es im 22. Stock eine Aussichtsplattform mit einem wunderbaren Panorama über die ganze Stadt.

Eine Orgie in Marmor, der neoklassizistische **Palacio Legislativo** am Kopfende der *Avenida Libertador Lavalleja*. Das monumentale Parlamentsgebäude erstrahlt von außen wie von innen in protziger Schönheit.

Außergewöhnlich und sofort ins Auge fallend: die **XXL-Denkmäler von José Belloni**. Sie lassen ein Stück

urugayischer Siedlungsgeschichte zu Bildnissen werden: La Carreta, der von Ochsen gezogene Wagen im Parque Batlle y Ordóñez und La Diligencia, die Postkutsche, die im Parque Prado fast im Sumpf versinkt. Nicht gar so riesig, auf der Plaza Fabiani an der Geschäftsstraße 18 de Julio: Bellonis Skulptur Entrevero, was übersetzt soviel wie Unordnung heißt, ein wildes Knäuel aus Menschen und Pferden. Das Werk symbolisiert die Wirren der Unabhängigkeitsjahre, in den zeitweise jeder gegen jeden kämpfte.

Berühmt und beliebt: der riesige **Sonntagsflohmarkt** auf der *Calle Tristan Narvaja* – und wenn Paris nicht so weit weg wäre, könnte man von Konkurrenz für den Marché au Puces sprechen.

Das höchste Gebäude Montevideos und des ganzen Landes ist der von Carlos Ott, dem Schöpfer der Pariser Oper, entworfene **Antel-Turm**. Der schlanke Glaspalast erreicht mit seinen 157 Metern – rein messtechnisch gesehen – dieselbe Himmelsnähe wie der Kölner Dom.

Bei Ankunft aus der Luft lohnt es sich, einen Blick auf das elegante **Gebäude des Flughafens von Montevideo** zu werfen. Mit seinem harmonisch geschwungenen Dach sieht es ein bisschen aus wie die berühmte „Schwangere Auster" in Berlin, nur viel größer. Ein architektonisches Glanzstück, auch von Carlos Ott!

Wer mit dem Bus an dem großen Überland-Terminal Tres Cruces ankommt, kann ein paar Meter weiter mitten im grässlichsten Verkehrschaos ein **Denkmal von Papst Johannes Paul II.** entdecken. Man kann dem guten Karol Wojtyla eigentlich nur wünschen, dass im Himmel nicht so viele Fahrzeuge zugelassen werden. Das Denkmal in Montevideo wurde errichtet, weil der Heilige Vater genau an dieser Stelle 1988 eine Messe gelesen hat.

Sehr zentral, mit Stil und noch dazu preisgünstig wohnt man im **Hotel Palacio** auf der *Bartolomé Mitre 1364*, nur ein paar Schritte von der Plaza Independencia. In dem kuschelig gepflegten und mit WLAN ausgerüsteten Hotel gibt es noch einen Nostalgie-Aufzug mit gusseisernen Gittern wie im Film. In einem der Badezimmer findet man eine jener altmodischen Toiletten, mit deren Abzug man eine Art Niagara-Fall auslösen kann, dazu stilechte Badewannen mit Löwenfüßen (Doppelzimmer ca. 30 Euro). Wer es lieber Boutique-mäßig aufgelackt hätte, gehe gleich gegenüber ins **Hotel Plaza Fuerte**. Hier haben emsige Kreativdesigner hinter der Gründerzeit-fassade nach Herzenslust entkernt und auf neu gemacht (Doppel-zimmer zwischen 50 und 120 Euro je nach Ausstattung). Völlig stehen geblieben ist die Zeit im **Hotel Los Angeles** auf der zentra-len Geschäftsstraße *Avenida 18 de Julio 974*, eine alte Pracht aus Marmor und verblichenen Stofftapeten; die angestaubt gemütlichen Doppelzimmer kosten etwa 40 Euro. Treffpunkt der Deutschen in Montevideo ist das **Apart Hotel Bremen** auf der *Calle Maldonado 1308;* dort gibt es auch eine Spelunke, in der bis vor kurzem sogar noch eine Currywurst bestellt werden konnte (Doppelzimmer und Apartments ab ca. 50 Euro).

Richtig billige **Restaurants** findet man in Montevideo so gut wie nicht. Die allermeisten Lokale bewegen sich in einem mittleren Preis-segment von 7 bis etwa 15 Euro für ein Tellergericht; auch schnöde Hamburger-Läden, langweilige Kettenrestaurants und Pizzerien mit Plastikstühlen nehmen ähnliche Preise. Da empfehle ich doch, gleich in ein gutes Restaurant zu gehen. Zum Beispiel das **Dueto** auf der

Bartolomé Mitri 1386: romantisch-gediegen mit unverputzten Wänden, Holz und weißen Tischdecken; sehr ansprechende Menüs zu recht günstigen Preisen. Oder das Café und Restaurant **La Biennale**: ein netter Ort zum Verweilen im Zentrum an der *Plaza Cagancha*: draußen stehen die Tische auf dem belebten Platz, drinnen ist es schön kneipig. Das Essen ist preisgünstig und ganz gut. Im altehrwürdigen **Club Español** auf der *Avenida 18 de Julio 1332* gibt es ein genauso altehrwürdiges Restaurant mit einfacher Speisekarte und sehr moderaten Preisen. Wer richtig Hunger hat und nicht lange rechnen will, wie viel das Sattwerden denn wohl koste, gehe ins Bufet Atlántico Restaurant International auf der *Calle San José 1028*. Hier hat der Gast das Recht der „freien Gabel – **Tenedor Libre**". Sie dürfen sich für umgerechnet etwa 10 Euro am Buffet bedienen, so viel und so oft, wie Sie möchten.

Geheimtipps:

Der Saal des **Teatro Solís** ist ein etwas kleinerer Nachbau der Mailänder Scala (1500 statt 2000 Plätze). Dabei ist es gelungen, die Akustik genauso gut hinzukriegen wie bei dem weltberühmten Vorbild. Es wäre also nicht falsch, sich hier mal eine Oper reinzuziehen.

Zünftig, mit atmosphärischem Pfiff und noch dazu viel preiswerter als andere Lokale: Das Restaurant im **Mercado de Abundancia**, einem der ehemaligen Stadtmärkte in einer schicken, alten Halle an der *Calle San José* mit viel Gusseisen und vielen Verzierungen. Im unteren Geschoss hat sich ein bunter Kunstgewerbemarkt mit großem Angebot etabliert, und gleich neben dem Speisesaal wird Tango getanzt.

Die **Bar 36**, ein urgemütliches Eckkneipen-Lokal, in dem man auch einfach und gut essen kann (*Convención 1152*).

Ein Geheimtipp für Verliebte: die **Fuente de los Candados**, der Schlösserbrunnen an der *Ecke Avenida 18 de Julio und Calle Carlos Quijano*; wenn zwei Menschen dort ein Schloss mit ihren Initialen anhängen, werden sie eines Tages wieder zusammen zu dem Brunnen kommen.

Etwas für wirklich hart gesottene Eisenbahnnostalgiker und für Ruinenfans: die im Jahre 2003 gestorbene **Estación Central José Artigas** an der *Ecke Calle La Paz und Calle Paraguay* unten am Hafen. Ein prachtvoller Gründerzeitbahnhof mit vergammelten Arkadengängen, die Penner zum Nickerchen einladen. Würdevolle Statuen von Technikerikonen wie Volta, Watt und Galvani überwachen in edlem Schwarz den Zerfall. In den löchrigen Dächern nisten Vögel – ohne jeden Schimmer von der traurigen Dramatik des vergessenen Denkmals, das nun ihr Wohnsitz geworden ist.

Wenn Sie an ihrem letzten Urlaubstag mit dem Taxi zum Flughafen fahren, bitten Sie den Chauffeur, über die **Ramblas** am Río de la Plata entlang zu fahren. Dieser Weg ist kaum weiter, und schöner kann man sich nicht von Montevideo verabschieden als mit derart tollen Blicken auf die Stadt und das Meer.

Kuriositäten:

Wenn eine silberne Zitrone für die **hässlichsten Taxis der Welt** verliehen würde, hätte Montevideo gute Chancen auf den Titel. Die meisten Fahrzeuge sind sozusagen das Gegenteil vom Mercedes. In

Ein prachtvoller Gründerzeitbahnhof: die Estación Central José Artiga

allen dieser Zwergtaxen trennt eine dicke Glasscheibe die Fahrgäste vom Chauffeur. Das in die Autos gefummelte Sicherheitsglas geht von der Decke bis zum Boden und quetscht einem die Füße ein. Verständigung ist kaum möglich, bezahlt wird durch eine Schleuse, die aussieht wie ein umfunktionierter Aschenbecher. Und dieser Sicherheits-Overkill ausgerechnet in einer der friedlichsten Städte ganz Lateinamerikas – dies verstehe, wer will.

In der *Ecke Calle Convención und Calle Colón* gibt es seit mehr als 80 Jahren so ein richtig deutsches Oma-Café mit dem schönen Namen **Oro del Rhin** (Rheingold); es gibt deutschen Kuchen, und die Kellner sehen aus wie aus der Kaiserzeit entsprungen.

Sind wir nicht überhaupt in einer Stadt, in der an manchen Stellen die Zeit einfach stehen geblieben ist? Eine Szene in der Nacht: Ein beladenes **Pferdefuhrwerk** rattert über das holprige Pflaster einer sonst wie ausgestorben daliegenden Straße im Zentrum der Stadt. Es ist nicht etwa eine Touristenkutsche auf einem romantischen Montevideo-by-night-Trip. Nein, das Fuhrwerk ist mit allerlei Tüten und Säcken beladen; hier sind Lumpensammler unterwegs, improvisierte Recycling-Truppen gehen ihrer Arbeit nach.

Hotel Palacio
29163612
hpalacio@adinet.com.uy
www.hotelpalacio.com.uy

Hotel Plaza Fuerte
29156651
info@plazafuerte.com
www.plazafuerte.com

Hotel Los Angeles
29021072
hotellosangeles@adinet.com.uy

Apart Hotel Bremen
29009641
95061448
hotel@bremenmontevideo.com
www.bremenmontevideo.com

Außenbezirke und Umgebung von Montevideo

Renaissance-Pracht aus besseren Zeiten: der Palacio Lucueva in Santa Lucia

Highlights:

Gleich im Osten des historischen Stadtkerns beginnen **kilometerlange, samtweiche Sandstrände**. Man kann nach Herzenslust und immer weiter und weiter an ihnen entlang fahren, am Besten mit einem VW, der läuft und läuft und läuft … denn letztlich erstreckt sich von hier bis zur brasilianischen Grenze ein schier endloser Strand, der nur immer mal wieder von Landzungen und Felsen unterbrochen wird. Allein zwi

Montevideos große Promenade: die Rambla

schen Montevideo und Piriápolis gibt es über 40 Strandbäder. Dieser Küstenabschnitt wird gerne Costa de Oro, also Goldküste genannt. Auch am Río de la Plata im Westen der Hauptstadt und am Río Uruguay gibt es sehr viele schöne Strände.

Die große Promenade von Montevideo zieht sich über fast 20 Kilometer gen Osten direkt am Ufer entlang. Sie heißt **Rambla**, jeweils mit einem Zusatz, zunächst Rambla Francia, dann Rambla Gran Bretaña, Rambla República Argentina und viele Ramblas mehr. Diese herrliche Straße hat für alle etwas zu bieten, ganz egal, ob und wie man sich fortbewegt: mit dem Auto cruisen, am Besten einem schicken Cabriolet, sich mit dem Fahrrad den Seewind um die Nase wehen lassen, mit nackten Füßen durch den Sand laufen, mit oder ohne Hund spazieren gehen oder sich einfach irgendwo hinsetzen, einen Mate trinken und auf den Río de la Plata schauen, wie die Uruguayer es so gerne machen. Die Rambla beginnt an der Altstadt; schon bald ist man am Parque Rodó und der schmalen Landzunge Punta Carretas. Dann schließt sich der mondäne Ortsteil **Pocitos** an, der Lieblingsstrand der Montevideanos mit seiner modernen Skyline, seinen Hotels und Restaurants. Manche nennen es die (kleine) Copacabana, und ein bisschen sieht Pocitos tatsächlich so aus. Weitere herrliche Strände folgen: Playa Buceo, Playa Punta Gorda und Playa Carrasco sind die bekanntesten unter ihnen. Knapp 20 Kilometer östlich von Montevideo steht das absolute Prachtstück des Küstenstreifens: das **Luxushotel Casino Carrasco**, ein majestätischer Stilmix aus Klassizismus und Barock aus dem Jahre 1921, und nur durch die Rambla vom Strand getrennt. Seit 1996 pausierte die fantastische Herberge wegen Altersschwäche. Doch nun beginnt der zweite Frühling. Die französische Nobelkette Sofitel hat das Casino Carrasco übernommen und für 60 Millionen US$ restauriert. Wiedereröffnung mit 116 edlen Zimmern: Ostern 2013.

Tipps:

Ja, Ernest Hemingway könnte es hier gefallen haben, in Punta Carretas auf der *Rambla Mahatma Gandhi 400*. Das bodenständige Restaurant steht mitten auf dem Strand und ist mit vielen Fotos aus seinem abenteuerlichen Leben gespickt. Benannt ist das Lokal nach einem seiner Romane: **El Viejo y el Mar** (Der alte Mann und das Meer). Etwas schicker im Ortsteil Punta Gorda, *Rambla República de México 5535*: das ebenfalls dem Dichter gewidmete **Heming Way** mit einem herrlichen Blick auf die Bucht und die untergehende Sonne. Dieser Platz wäre dem Altmeister des Wortes und der Schnapsflasche wohl etliche Daiquiris wert gewesen.

Der **Parque Rodó** birgt ein etwa hundert Jahre altes, damals schon auf Mittelalter getrimmtes Schlösschen und einen kleinen See, auf dem man Tretboot fahren kann. Unterhalb des Parkes direkt an der Rambla steht ein würdiges Gebäude, das eine Menge hermacht; das ehemalige Parque Hotel ist heute Sitz der südamerikanischen Handelsgemeinschaft Mercosur.

Sie werden sich vielleicht fragen, warum es ausgerechnet am Río de la Plata (vor dem Parque Rodó) eine **Holocaust-Gedächtnis-**

stätte gibt. Das liegt daran, dass es traditionell eine ziemlich große jüdische Gemeinde in Uruguay gab. Zeitweise waren es 50.000 Leute.

·Ein Tipp für Pärchen klassischen Zuschnitts, wo er sich für Geschichte und so interessiert, und sie für ihr Leben gern einkaufen geht: Das **Shopping Center Punta Carretas**. Man sollte es kaum für möglich halten; das glitzernde Konsumparadies mit den hübschen Zinnen auf dem Eingangstor ist Montevideos ehemaliges, genauso berühmt wie berüchtigtes Staatsgefängnis. Die gewaltigen Außenmauern und das verschnörkelte Gründerzeittor hat man stehen lassen; dahinter betört einen die verführerische Welt des Käuflichen, genau dort, wo früher die Gefangenen in finsteren Verließen darbten. Rückblende: Im Jahr 1971 gelang es mehr als hundert Mitgliedern der weltbekannten Stadtguerilla Tupamaros aus diesem angeblich ausbruchsicheren, martialichen Knast zu entfliehen.

Im Norden von Montevideo, in und um den **Parque Prado** gibt es so manches zum Bestaunen: das französisch inspirierte, ehemalige Hotel del Prado dient heute mit all seiner Pracht als Veranstaltungsraum und Teesalon. Dazu gesellt sich der verspielte Präsidentenpalast, das verwunschene Castillo Soneira, ein Rosengarten und ein Botanischer Garten, die Riesenpostkutsche von José Belloni und die letzten vier Indigenen Uruguays in Bronze.

Auf dem im Westen der Stadt gelegenen Hügel **Cerro Montevideo** stehen ein altes Fort und der älteste Leuchtturm des Landes. Die Aussicht auf die Bucht und die dahinter liegende Altstadt von Montevideo hat was. Es gibt sogar einen Linienbus, der vom Zentrum Montevideos zu der Festung fährt. Er hat die Nummer 125 und hält etwa zehn Fußminuten unterhab des Forts.

Geheimtipps:

Ein Besuch in **Santa Lucia**, etwa 35 Kilometer nordwestlich von Montevideo, das ist eine nostalgische Reise zur Wiege des uruguayischen Tourismus. Santa Lucia liegt in einer lieblichen Flusslandschaft

Das älteste Touristenhotel des Landes: das Biltmore Hotel

mit traumschönen Stränden. Es war das Baden-Baden Uruguays, der Ort, an dem die Hautevolee entspannte. Fast eineinhalb Jahrhunderte hat das Strandbad auf dem Bucke und dabei so große Mengen Patina und Staub angesetzt, dass man heute nur noch ahnen kann, wie gediegen es dereinst hier zuging. Das **Biltmore Hotel** auf der *Calle Batlle y Ordóñez* ist das älteste Touristenhotel des Landes – und so sieht es auch aus. Im Jahr 1872 öffnete das Biltmore seine Pforten, damals unter dem Namen Oriental. Schon bald gingen die Prominenten ein und aus. Dem uruguayischen Präsidenten Máximo Santo hat das Hotel so gut gefallen, dass er in den Sommermonaten des Jahres 1885/1886 von hier aus das Land regierte. Jahre später gab Carlos Gardel im Zimmer 3 ein Ständchen für die Fußballstars aus Montevideo. Heute kann man für gerade mal 20 Euro in dem Traditionshaus übernachten, schwerer Muff inklusive. Denn unermüdlich hat der Zahn der Zeit an den edlen Mauern genagt und so manche Butzenscheibe durch eine Spanplatte ersetzt. Der sympathische Hotelier entführt Sie mit seinen Geschichten in die glorreiche Vergangenheit und in die Welt des Films; denn längst ist das Biltmore Hotel zur bröckelnden Kulisse für Spielfilme, Telenovelas und Werbespots mit Retro-Effekten geworden. Hinweis: gleich nebenan gibt es ein Hotel mit dem ursprünglichen Namen Oriental; das ist aber aus Beton und hat aus der alten Zeit nur den Namen und ein paar Antiquitäten in den modernen Räumen; dafür aber auch keinen Muff (Doppelzimmer 45 Euro).

Auch sonst lohnt sich ein Streifzug durch die morbiden Gassen von Santa Lucia, immer auf der Suche nach stimmungsvollen Tod-in Venedig-Häusern: Auf der *Calle Mitri 215* gammelt der **Palacio Lucueva** vor sich hin, eine Renaissance-Pracht mit zwei Palmen vor der Tür, neben denen bei meinem Besuch ein zufriedenes Pferd graste. Die an die 150 Jahre alte **Casa de Rodó** auf der *Calle Rivera 262* ist recht gut restauriert, hat klassische Statuen im Garten stehen und beherbergt ein kleines Museum. Auch der Bahnhof von Santa Lucia mit seinen handgesteuerten Signalen hat etwas Museales; ab und zu fährt tatsächlich noch ein Zug nach Montevideo.

Kuriositäten:

Seltsam, seltsam, das **Castillo Pittamiglio** auf der *Rambla Ghandi 633* bei Pocitos, ein geradezu absurd verwinkeltes Schloss, eingeklemmt zwischen den Hochhäusern der Strandmagistrale. Das bizarre Gebäude aus den 1920er Jahren ist voll von unergründlichen Symbolen aus Alchemie, Magie und dem Reich Gottes. Wurden hier tatsächlich Geheimnisse aus einer spirituellen Welt gehütet? War Papst Johannes Paul II. tatsächlich im Jahre 1988 hier, um den Heiligen Gral zu-

Bizarr: das Castillo Pittamiglio

rück in den Vatikan zu holen? Oder ist das Werk des exzentrischen Architekten Humberto Pittamiglio nur der schräge Vorläufer eines Harry-Potter-Schlosses? Führungen gibt es donnerstags um 16.00 Uhr, samstags und sonntags um 18.00 Uhr. In Las Flores bei Piriápolis steht noch ein zweites, nicht ganz so seltsames Castillo Pittamiglio.

Hotel Sofitel Montevideo
Casino Carrasco
26040604
www.casinocarrasco.com.uy
marketing@casinocarrasco.com.uy

Hotel Biltmore
43346018

Hotel Oriental
43346276
www.hotel-oriental.com

4. Schlaglicht
Am Río de la Plata

Spitzenplatz in der Hitliste der Fotomotive: El Águila

Der Río de la Plata, ein Fluss, der so breit ist, dass man von Montevideo aus nicht bis zum anderen Ufer schauen kann. Bisweilen hat der Silberfluss tatsächlich einen grau-silbrigen Glanz, der seinem Namen alle Ehre macht. Vielleicht kommt der Name des bis über 200 Kilometer breiten Mündungstrichters der beiden Flüsse Río Uruguay und Río Paraná tatsächlich von dieser ganz außergewöhnlichen Färbung. Andere sagen, die spanischen Eroberer hätten geglaubt, dass der Fluss sie zu riesigen Silbervorkommen führe. Sicher ist, dass die Spanier in Bolivien erbeutetes Silber über das Gewässer in die Heimat verschifft haben. Der Río de la Plata wird nach Osten hin immer breiter und durch Vermischung mit dem Meer auch immer salziger. Beim Strandbad Punta del Este ist endgültig Schluss mit Fluss; hier beginnt der Atlantische Ozean.

Highlights:

Colonia del Sacramento ist die älteste Stadt Uruguays und seit 1995 Weltkulturerbe der UNESCO, ein wunderbar hergerichtetes Kolonial-Ensemble, fast wie eine Puppenstube aus der alten Zeit. Da müssen selbst die alten Autos ran. Schlafende Oldtimer schmücken die heimeligen Gassen als originelles Fotomotiv. Einer ist sogar zum Kaffeehaustisch mit Dach umgebaut. Uralte Pflastersteine versetzen uns um Jahrhunderte zurück: Balsam für Romantikeraugen und Gift für Stöckelschuhe. An der zentralen *Plaza Manuel Lobo* steht die betagteste Kirche Uruguays, die **Iglesia Matriz**; dabei sieht sie mit ihren blütenweißen, schlanken Türmen gar nicht so alt aus. Tatsächlich wurde das rüstige Gotteshaus in seiner langen Geschichte das eine oder andere Mal architektonisch geliftet. Sehr hübsch ist auch die Holzbrücke zum Stadttor **Puerta de la Ciudadela**, so pittoresk,

dass jeder Maler sofort seinen Pinsel zücken müsste. Colonia del Sacramento hat eine Reihe von Hotels in auf Vordermann gebrachten historischen Gebäuden, z.B. die **Posada Plaza Mayor** auf der *Calle del Comercio 111* (Doppelzimmer ab 100 Euro). Das Hotel besteht aus einem alten portugiesischen und einem nicht ganz so alten spanischem Kolonialhaus. Hier ist ein Teil der wechselhaften Stadtgeschichte sozusagen unter einem Dach, war Colonia doch ein ewiger Zankapfel

Schlafende Oldtimer in heimeligen Gassen

zwischen den beiden Ländern. Zeitweise hatten sich sogar die Engländer eingenistet, und in den Wirren vor der Unabhängigkeit Uruguays war die koloniale Musterstadt auch einmal Niemandsland. Wer genug hat von wiedererstandener Pracht: Colonia del Sacramento ist von herrlichen Sandstränden umgeben, die gleich am Rande der Altstadt beginnen.

Tipps:

Das Städtchen **Carmelo** etwa 75 Kilometer nordwestlich von Colonia del Sacramento hat nicht so viel altes Kopfsteinpflaster wie in manchen Büchern gesagt wird. Dafür gibt es umso mehr Autos, knatternde Motorräder und Leute, die einen Heidenspaß daran haben, mit solchen Geräten durch den Ort zu stochen. Hier schlägt der Halbstarken-Zeitgeist der 1970er Jahre die uruguayische Gemächlichkeit um Längen. Sehenswert ist die schicke drehbare Eisenbrücke am Ortseingang. Man wohnt gut in der **Posada del Navegante** etwas außerhalb des Ortskerns auf der *Av. Rodó 383*, die geradewegs zum Strand führt. Carmelo ist ein guter Ausgangs-

Nicht mehr ganz frisch, aber imposant und stimmungsvoll: die Estancia Narbona

punkt, um zwei Ruinen zu entdecken, die nicht von Pappe sind:

Das stimmungsvollere Stück ist die 280 Jahre alte **Estancia Narbona**. Auf der *Ruta 21* von Colonia del Sacramento kommend geht es kurz nach Carmelo direkt hinter der uralten Steinbrücke nach rechts ab. Nach etwas mehr als zwei Kilometern liegen die nicht mehr ganz frischen, aber immer noch imposanten Gebäude auf der linken Seite der Sandpiste. Tagsüber und außer montags und freitags ist das Tor geöffnet. Vor der eigentlichen, historischen Anlage steht das Haus der rührenden Doña Maria Julia Casanova Davila und ihres Mannes. Die ältere Dame ist Hausmeisterin und Denkmalbetreuerin, Reiseleiterin und Museumsdirektorin in einer Person. Seit 1929 arbeitet ihre Familie auf der Estancia, die 1732 von dem spanischen Adeligen Juan de Narbona errichtet wurde. Doña Maria ist gerne bereit, interessierte Gäste durch die beeindruckenden, alten Gemäuer zu führen und ihre Geschichte lebendig werden zu lassen. Spätestens wenn sie die Falltür in der düsteren Kapelle öffnet und die Eingänge zu verborgenen, kilometerlangen Tunneln zeigt, ist die nicht immer so gemütliche Kolonialzeit ganz nah. Durch diese Tunnel konnten die Gutsherren fliehen, wenn ihnen die damals noch nicht besiegten Indígenas zu nahe auf den Pelz rückten.

Auch nicht weit von Carmelo, von Colonia del Sacramento kommend geht es knapp 10 Kilometer vor dem Städtchen rechts von der *Ruta 21* ab zur **Calera de Huérfanos**. Nach etwas mehr als drei Kilometern stehen links von der Sandpiste am Waldesrand die Außenmauern eines riesigen Kirchenschiffs, vom Karies der Jahrhunderte durchlöchert, doch immer noch stolz und mächtig, auch sehr fotogen. Gegenüber der stimmungsvollen Estancia de Narbona wirkt das Gemäuer allerdings ein bisschen wie von der Sight-Seeing-Stange. Hinweistafeln und Besucher/innen-Leit-Kordeln haben ihm einen Teil seiner Seele geraubt. Die gewaltige Ruine gehört zu einer ehemaligen Jesuiten-Reduktion, einer Siedlung des rührigen Ordens, die es bis 1767 gegeben hat. Dann hat die spanische Krone die Jesuiten aus ihren Kolonien vertrieben. Und warum heißt das Anwesen nun Calera de Huérfanos – Kalkofen der Weisenkinder? Keine Angst, hier wurden keine Kinder in Öfen verbrannt. Nein, zu der Reduktion gehörten auch Kalköfen und nach der Vertreibung der Jesuiten wurde die Siedlung eine Zeitlang als Waisenhaus genutzt. Die Öfen kann man übrigens noch besichtigen, auf der anderen Seite des Weges, direkt gegenüber der Kirchenruine.

Auf dem Weg von Colonia del Sacramento auf der *Ruta 21* in Richtung Carmelo geht es nach knapp 20 Kilometern links ab zum **Parque Anchorena**, der Sommerresidenz des uruguayischen Präsidenten. Man kann den Park besichtigen und auf einen stattlichen Aussichtsturm klettern.

Etwa 45 Kilometer östlich von Montevideo schmiegt sich das Städtchen **Atlántida** malerisch in die leicht gebogene Küste des Río de la Plata. Es ist der Ort, an dem der chilenische Dichter Pablo Neruda in den 1940er Jahren die wunderbare Romance mit seiner späteren Ehefrau Matilde erlebte. Neruda war so begeistert von dem Städtchen, dass er Atlántida eine Ode gewidmet hat. Heute gibt es ein kleines Museum, das an die Aufenthalte des verliebten Poeten erinnert. Der eigentliche Star des kleinen Badeortes ist aber **El Águila**, ein mächtiger Adler aus Stein, der etwa zwei Kilometer westlich von Atlántida aufs Meer schaut. Der seltsame Vogel erinnert mich an das Cockpit eines Jumbojets mit einem Schnabel vorne dran. Ursprünglich war der Adler das Dachgeschoss eines futuristischen Hauses, das sich der steinreiche Unternehmer Natalio Michelizzi in den 1940er Jahren hoch über dem Meer errichten ließ. In den 1980er Jahren holte sich das Meer den größeren Teil des allzu nah an der Abbruchkante gebauten Hauses zurück. Geblieben ist der begehbare Greifvogel. Seit Jahren hat er einen Spitzenplatz in der Hitliste der Fotomotive. Das bizarre Gebäude ist Urquell aller möglicher Geschichten und Legenden; sein Bauherr soll im 2. Weltkrieg mit den Nazis kooperiert haben und deshalb auf der Schwarzen Liste der Alliierten gelandet sein.

Die Bucht von Piriápolis

Lange bevor Punta del Este seinen touristischen Höhenflug startete, erfüllte sich der Großunternehmer Francisco Piria an einer malerischen Bucht mit samtigem Strand seinen Lebenstraum. Der Mogul errichtete Ende des 19. und Anfang des 20. Jahrhunderts das nach ihm benannte **Piriápolis**, ein mondänes Strandbad, inspiriert von Europa und seiner Belle Epoque. Die Uferpromenade von Piriápolis ist mit weißen Säulen und Amphoren verziert, die in der Sonne glänzen, als seien sie aus Alabaster. Auch die anheimelnden Parks bei den Brunnen der Fuente de Venus und der Fuente de Toro sind einen relaxten Spaziergang wert. Pirias „Obra Magna" aber ist das majestätische Argentino Hotel aus dem Jahre 1930; mit seinen fast 500 Zimmern war es damals das größte Hotel in ganz Südamerika. Noch heute beherrscht der prächtige Kasten das Postkartenpanorama der Bucht. Auch das mittlerweile als Schule genutzte ehemalige Gran Hotel gleich daneben hat trotz der Zweckentfremdung à la DDR einiges von seiner Grandesse bewahrt. Am östlichen Ortsende oberhalb des Yachthafens gibt es einen schnuckeligen Sessellift, mit dem Sie am Ort vorbeischweben und den herrlichen Blick über die Bucht genießen können. Das Piriápolis von heute ist ein sehr lateinamerikanisches und außerhalb der Hauptsaison völlig verschlafenes Strandbad. Fast wirkt es wie das Freilichtmuseum einer vergangenen Ferienkultur, ein lebendes Museum, in dem die Ruhe jener Zeiten bewahrt wird, als Tourismus noch nichts für die Massen war, und Glamour vergleichsweise bodenständig daherkam. Die sterile Gelecktheit vieler europäischer Ferienorte geht ihm völlig ab; einfach sympathisch!

100 Jahre alt, und kein bisschen abgeranzt: Das perfekt restaurierte **Hotel Colón** gehört ebenfalls zu Pirias Schöpfungen. Es steht wie ein kleines Märchenschloss am östlichen Ende des großen Strandes von Piriápolis (Doppelzimmer zwischen 60 Euro und 110 Euro je nach Saison). Gleich gegenüber, ebenfalls in toller Strandlage, das **Hotel Colonial** aus dem Jahre 1927; ein freundlich geführtes Hotel mit kleinen Zimmern; nach vorne heraus haben sie Balkone und einen schönen Blick, nach hinten raus sind sie etwas muffig (Doppelzimmer 50 Euro, in der Hauptsaison auch mehr). Ein Doppelzimmer in dem zum größeren Teil renovierten **Argentino Hotel** kostet ab 75 Euro, in der Hauptsaison deutlich mehr. Dafür wohnt man in einer

Legende und bestes Haus am Platze: das Argentino Hotel

Legende und im besten Haus am Platze, noch dazu direkt am Strand. Nur Vorsicht mit dem à la Carte-Restaurant. Die wenigen, angebotenen Gerichte kommen aus der Mikrowelle. Ich habe mir erlaubt dies zu monieren. Daraufhin wurde mir mit einer Entschuldigung und uruguayischer Geschmeidigkeit sofort ein neuer Teller gebracht – der wieder aus der Mikrowelle kam. Als Trost blieb die gute und dabei gar nicht mal teure Weinkarte.

Schickeria-Hotspot: Punta del Este

Punta del Este ist eins der Top-Strandbäder Südamerikas, Magnet für die Schönen und Reichen des Kontinents. Zwischen Ende Dezember und Ostern ist Saison. Der Jetset zieht ein; Geldadel und Telenovela-Sternchen, Leinwand-Stars und Leute, die sich für so etwas halten; perfekt gestylte Menschen, deren Lächeln man aus der Zeitschrift Gala kennt, und denen Paparazzi nicht wirklich lästig sind. Und wenn sie dann alle da sind, ist die Bevölkerung von knapp 20.000 auf etwa 250.000 gestiegen. Trotz des ganzen Trubels ist Punta del Este im Vergleich zu anderen Schickeria-Hotspots erfrischend unprätentiös geblieben; außerhalb der Saison wirkt der Ort richtiggehend normal, fast schon still und bescheiden. Außer seinen Traumstränden, Modegeschäften (hauptsächlich auf der *Calle 20*), Edelrestaurants, Glitzerbars (Epizentrum auf der *Avenida Gorlero*) und ihrem noch glänzenderen Publikum hat Punta del Este nur wenige Sehenswürdigkeiten. Wahrzeichen des Ortes ist eine riesige, im Sand vergrabene Hand, die Skulptur **Los Dedos** des chilenischen Künstlers Mario Irrazábal aus dem Jahr 1982 (nicht weit vom Busbahnhof an der Atlantikküste).

Punta del Este ist die imaginäre Trennlinie zwischen dem Río de la Plata und dem Atlantischen Ozean. Der „zahme Strand" Playa

Mansa gehört noch zum Silberfluss; dem Atlantik gehört die Playa Brava, der „wilde Strand". Was Menschen können, das können Tiere manchmal schon lange. Auf der **Isla de Lobos**, so etwa zehn Kilometer vor Punta del Este, vergnügen sich etwa 200.000 Seelöwen, und das nicht nur zur Hauptsaison. Man kann diesen Fauna-Jetset besuchen und vom Schiff aus beobachten, wie die Meeresurlauber träge ihre Flossen strecken und sich auf den Felsen lümmeln. Die Tiere versammeln sich gerne um den größten und lichtstärksten Leuchtturm Südamerikas, der ebenfalls auf der Isla de Lobos steht. Touren zu den Seelöwen bieten Reisebüros in Punta del Este an. Wem das alles zu tierisch ist: Vor der Playa Mansa liegt die **Isla Garriti**, eine kleine Insel, auf der es nur schöne Strände und ein einziges Lokal gibt, das bei den Berühmtheiten sehr beliebt ist. Zu dieser Insel fahren Linienschiffe vom Jachthafen, die in 15 Minuten da sind.

Für alle, die **Wale** lieber mögen als Seelöwen noch der folgende Hinweis: Zwischen August und November halten sich die riesigen Meeressäuger zu Paarungszwecken vor der Küste Uruguays auf. Von Punta del Este aus werden Walbeobachtungs-Touren angeboten.

Ein paar Kilometer westlich von Punta del Este wird die Küste von einem schneeweißen, surrealistischen Felsgebäude geziert. Wie ein Ameisenbau im Jugendstil schmiegt sich die Casapueblo ans Ufer – der berühmte spanische Baumeister Antonio Gaudí könnte Pate gestanden haben. Die Casapueblo ist das Werk des Malers und Bildhauers Carlos Páez Vilaró; sie beheimatet ein Museum und ein originelles Hotel gehobenen Standards (Doppelzimmer ab 120 Euro).

Geheimtipps:

In Real de San Carlos bei Colonia del Sacramento auf der *Calle de los Argentinos* nicht weit von der *José Roger Balet* steht das **Museo de Naufragios y Tesoros**, ein skurriles Mittelding zwischen historischem Museum und Geisterbahn. In einer Zweckformhalle sind die berühmtesten Schiffsuntergänge auf dem Río de la Plata dokumentiert, von der Kolonialzeit bis heute, natürlich einschließlich der Geschichte des Panzerkreuzers Admiral Graf Spee. Es wird auch verraten, welche Schätze noch auf dem Grund des Silberflusses ruhen. Und zwischen all den historischen Dokumenten, Schiffsmodellen und Fundstücken lauern Piraten aus Pappmaschee; hässliche Meerhexen geben Gruseliges von sich.

Der begehbare Adler am Strand von Alántida ist nicht alleine geblieben; es gibt eine ganze **Sammlung eigenwilliger Gebäude** in der Gegend, ein regelrechtes architektonisches Kuriositätenkabinett: Die im Jahre 1960 von dem uruguayischen Architekten Eladio Dieste geschaffene Kirche **Parroquia del Cristo Obrero** in der Nähe des ehemaligen Bahnhofs von Atlántida hat so exzentrisch geschwungene Formen, dass man sie beim besten Willen keiner Stilrichtung zuzuordnen vermag. Das **Edificio El Planeta** unten am Strand sieht aus wie ein Schiff, das gerade in See stechen möchte. Es war einmal ein Hotel und dient heute als Apartmenthaus. Ursprünglich gehörte es dem umstrittenen Herrn Michelizzi, dem „Vater" des Adlers. Auch nicht schlecht und ziemlich außer der Reihe: **Castillo Pittamiglio**, das Märchenschloss des Humberto Pittamiglio in Las Flores bei Piriápolis. Mit seinem Hang zu Esoterik und schräger Symbolik hat Piriápolis-Gründer Francisco Piria zur Sammlung beigetragen. Wie ein zu Stein gewordenes Geheimnis steht die Ruine der niemals fertig gestellten **Iglesia de Piria** an der Straße zum Pan de Azúcar, dem Hausberg von Piriápolis. Die katholische Kirche wollte mit dem imposanten Gebäude nichts zu tun haben, weil es ihr zu viele alchemistische Symbole enthielt.

Kuriositäten:

In dem kleinen Badeort El Real de San Carlos gammelt eine riesige **Stierkampfarena**, die 10.000 Zuschauer/innen aufnehmen könnte, seit 100 Jahren traurig vor sich hin. Im Jahre 1910 eröffnet, war sie Gastgeberin für ganze acht Stierkämpfe. Dann lachten die Stiere sich ins Fäustchen. Denn die Regierung von Uruguay verbot die Stierkämpfe und hat sie auch nie wieder

Noch heute in Funktion: der Frontón de Pelota

erlaubt. Die gigantische Arena ist Teil eines großen Traums. Es war Anfang des 20. Jahrhunderts und Josef Neckermann war noch nicht geboren. Doch der steinreiche argentinische Reeder Nicolás Mihanovich wollte schon damals in der Nähe von Colonia del Sacramento ein Touristenzentrum aus dem Boden stampfen. **Real de San Carlos** war sozusagen die Wirklichkeit gewordene Blaupause für Marbella, Punta del Este und Co. So gab es auch ein Casino, ein schicker Yachthafen war geplant. Noch heute in Funktion sind der Frontón de Pelota – eine nicht gerade bescheidene Sporthalle – und eine Rennbahn, in der die Pferde wie damals schon im Kreise laufen. Doch alles in allem ist das Touristenzentrum nie so recht durchgestartet, vielleicht weil Nicolás Mihanovich seiner Zeit um Jahrzehnte voraus war. Es lohnt sich, nach Real de San Carlos zu fahren und den steinernen Zeugen des großen Traums nachzuspüren.

Punta del Este und das kaum weniger schicke Strandbad La Barra sind durch eine **wellenförmige Brücke** verbunden, die aussieht wie ein Stück Achterbahn oder – so der chilenische Dichter Pablo Neruda – wie die Brüste einer schönen Frau.

Posada Plaza Mayor
45223193
45225316
hmayor@adinet.com.uy
www.posadaplazamayor.com

Posada del Navegante
45423973
99632281
posadadelnavegan-
te@hotmail.com
www.posadadelnavegante.com

Hotel Colón
44322508
44321344
colon@adinet.com.uy
www.hotelcolonpiriapolis.com

Hotel Colonial
44323780
44323783
rivacol@adinet.com.uy

Argentino Hotel
44322791
reservas@argentinohotel.com
www.argentinohotel.com.uy

Casa del Pueblo
42578611
reservas@clubhotelcasapueblo.com
www.clubcasapueblo.com

5. Schlaglicht
An der Atlantikküste

Die unendlichen Wanderdünen von Cabo Polonio

Highlights:

Es heißt, **Rocha** sei die schönste Provinz Uruguays; da ist was dran. Schier unendliche Dünenlandschaften und Bäume wie aus dem Märchen, himmlische Ruhe, ein bisschen Hippie-Romantik und Fes-tungen wie aus dem Bilderbuch, Palmen, die eigentlich nicht hierhin gehören und Seelöwen, die den lieben Gott einen guten Mann sein lassen.

Das Schönste in der schönsten Provinz war für mich **Cabo Polonio**: Auf einer Landzunge, scheinbar am Ende der Welt, steht ein Leuchtturm. Auf den Felsen davor lümmeln sich die trägen Seelöwen, manchmal verirrt sich auch ein Pinguin hierhin. Auf der Landzunge dahinter liegt ein Dorf, weitläufig in das Dünenland gekleckert, ein Dorf, in dem es nur hier und da elektrischen Strom gibt. Riesige Wanderdünen, die in der Sahara stehen könnten, trennen den lauschigen Ort vom Rest der Welt. Auf den Hütten und Baracken wehen bunte Fahnen, von Knallrot bis zum feschen Cannabis-Muster. Cabo Polonio, ein Hippie-Paradies in Traumlage. Und

Cabo Polonio, das Hippie-Paradies in Traumlage

nachts, wenn nur noch ein paar Kerzen in den kleinen Häusern flackern, beginnt das Meer zu leuchten, so als habe jemand im Marihuana-Rausch tausende von Ökobirnen versenkt, die auch unter Wasser funktionieren. Mal geht hier eine an, mal dort, mal strahlt ein ganzer Wellenkamm, als sei er radioaktiv. Die wahren Urheber der romantischen Lightshow sind fluoreszierende Mikroorganismen, die in der Nacht ihre aktive Phase haben.

Durch die kilometerlangen **Wanderdünen** von Cabo Polonio zu streifen, ist ein Naturhighlight erster Sahne. Falls Sie schon einmal in Gran Canaria Urlaub gemacht haben, multiplizieren Sie einfach die Dünen von Maspalomas mit fünf und nehmen Liegestühle und die Bettenburgen weg; dann sind Sie am Cabo Polonio. Und so kommt die einmalige Landschaft am intensivsten: Gehen Sie vom Leuchtturm aus einfach am Strand entlang, biegen von Zeit zu Zeit in die Sandwüste ein und lassen das Fata-Morgana-Land in großer Ruhe auf sich wirken. Wer mit Pferden umzugehen weiß, kann sich so ein sympathisches und praktisches Tier für etwa fünf Euro die Stunde mieten und die traumhafte Tour auf dessen Rücken erleben. Zwei kleine Wermutstropfen: hier und da liegt ein toter Seelöwe auf dem Strand, als wolle er die Stimmung stören und sagen: So ist es halt mit dem Leben. Und die leeren Plastikflaschen rufen uns zu: bisweilen kommt auch der Mensch vorbei.

Tipps:

Die **Seelöwenkolonie** in Cabo Polonio ist nach der auf der Isla de Lobos die zweitgrößte des Landes und zählt zu den größten Südamerikas – Uruguay, ein Seelöwenland. In den Monaten September und Oktober kommt **Besuch von Walen** hinzu. Dann kann man die scheinbar übergewichtigen Meeressäuger dabei beobachten, wie sie mit Leichtigkeit und Eleganz aus den Fluten springen und wieder in sie hineingleiten. Cabo Polonio ist also mit Fug und Recht ein Naturschutzgebiet. Daher kann man nicht so ohne weiteres mit dem Auto oder dem Bus dorthin fahren. An der

Ein Baum wie aus einem Märchenfilm: der Ombú

Ruta 10 gibt es bei Kilometer 264 ein Terminal, an dem die Überlandbusse halten. Von hier aus bringen extra dafür zugelassene Geländewagentaxis die Gäste nach Cabo Polonio. Die Busfahrer sind gerne bereit, Ihre Ankunft zu avisieren, damit auch tatsächlich so ein Fahrzeug bereit steht. Wenn man nach Sonnenuntergang anreist, hat die Fahrt durch die nächtlichen Dünen durchaus Abenteuer-Touch.

Neben Fremdenzimmern in Kategorien von wildromantisch bis Armenviertel à la Carte gibt es in Cabo Polonio zwei etwas größere Hotelpensionen: die etwas altbackene **Posada Mariemar** und die einen Tick schicker wirkende **Posada La Perla**, beide mit Traumblick über die Bucht und auf die Dünen (einfache Doppelzimmer jeweils zwischen 30 und 100 Euro, je nach Saison). Rustikal essen kann man in den beiden Pensionen auch – in der Salsa Vasca waren so viele Knoblauchzehen, dass selbst die um die Tische streunenden Katzen das Weite gesucht haben.

Der **Ombú** ist ein Baum wie aus einem Märchenfilm. Die Legende sagt, wer einen dieser Zauberbäume sehe, erinnere sich an Ereignisse, die irgendwann in frühester Jugend einmal passiert sind, aber längst ins tiefste Unterbewusstsein abgetaucht waren. Elfen, Kobolde und der kleine Hobbit hätten ihre helle Freude an dem bizarren Gewächs.

Seine dichte Krone spannt sich wie ein

Wie für die Ewigkeit gebaut: die Festung Santa Teresa

immergrüner Regenschirm über den breiten Stamm. Die freiliegenden Wurzeln sehen aus wie ein orthopädischer Schuh. So nennen die Spanier den Ombú Bella Sombra (Schönen Schatten), und die weniger romantisch veranlagten Engländer sagen Elefant Tree (Elefantenbaum) zu ihm. Der Ombú ist zumeist ein Einzelgänger; doch in Uruguay gibt es ganze Ombú-Wälder – das ist einzigartig. Der größte von ihnen ist der **Monte de Ombúes** an der Laguna de Castillos. Man erreicht ihn am Besten mit einem der kleinen Ausflugsboote, die an der *Ruta 10* bei Kilometer 267 starten. Ein kleineres Ombú-Wäldchen gibt es gleich neben der schönen Estancia Guardia del Monte, in der man auch übernachten kann (vgl. 7. Schlaglicht Estancias, Abzweig von der *Ruta 9* bei Kilometer 261).

Die **Festung Santa Teresa** steht auf einem Hügel; Ehrfurcht erregend, Kanonenkugel-sicher und wie für die Ewigkeit gebaut. Ihre massiven Wände sind mit hübschem, gelbem Moos bewachsen und beheimaten heute ein Museum, das wie geleckt in der Landschaft steht; zwischen den schwergewichtigen Mauern wächst saftig grüner Rasen, so pingelig gemäht, dass Engländerherzen im glücklichen Dreivierteltakt schlagen. Von den Zinnen der Festung hat man einen schier unendlichen Blick über das umliegende Land.

Als sei es die kleine Schwester der Festung Santa Teresa: das **Fortín San Miguel** etwa sieben Kilometer westlich von der Stadt Chuy an der brasilianischen Grenze. Auch San Miguel sieht aus wie eine Wehrburg aus dem Bilderbuch, gepflegt, mit schickem, gelbem Moos geschminkt und rüstig wie in der Kolonialzeit, nur nicht ganz so groß wie Santa Teresa.

Ein paar hundert Meter weiter kann man sehr gut übernachten, in der vor etwa fünfzig Jahren als Replik eines altertümlichen Schlosses errichtete **Hostería Fortín San Miguel**. Ein angenehmer, ruhiger Ort mit viel Naturstein, dunklem Holz und Stil, ein Ort, an dem es auch Geister geben könnte, ruhige Geister versteht sich, solche die ebenfalls Stil haben und die Gäste nicht erschrecken (Doppelzimmer ca. 70 Euro).

Ausgebaute, attraktive **Ferienorte** in der Provinz Rocha sind La Paloma und La Pedrera. Von La Paloma aus werden Walbeobachtungs-Touren angeboten. Punta del Diablo war einmal ein uriger Fischerort mit romantischen Häusern auf schiefen Pfählen; mittler-

Ein Ort für Geister mit Stil: die Hostería Fortín San Miguel

weile hat der Fremdenverkehr ein paar nette Hotels (z.B. das El Diablo Tranquilo – Doppelzimmer ca. 40 Euro) und glatte Straßen in den Ort gebracht – und einen großen Teil der urigen Romantik weggenommen. So etwas findet man heute noch in Valizas oder in Aguas Dulces – dafür gibt es dort aber nur recht einfache Privatunterkünfte.

Geheimtipps:

Eigentlich war ich auf der Suche nach dem Wrack des Frachters **El Cocal**, der im Jahre 1969 ein paar Meilen nördlich von dem Örtchen Aguas Dulces auf Grund gelaufen war. Angeblich sollten die Reste des Schiffes noch immer weit aus dem Meer ragen. Bei Kilometer 273 der *Ruta 9* fand ich ein Schild „El Cocal". Es weist den Weg zu einer Campinganlage, die nach dem havarierten Kahn benannt ist. Die kleine Erdstraße führt durch eine großartige, melancholische Landschaft aus Sümpfen und Dünen zu einem schier unendlichen, breiten Sandstrand, so wunderschön, dass ich das versunkene Schiff fast schon vergessen hatte. Das gibt es aber wirklich; nur haben Meereswasser und Rost nicht viel mehr als eine unaufregende Spitze übrig gelassen, die 1969 einmal der Bug der Cocal war. Macht nichts; Natur pur, das ist hier der Trumpf.

Es lohnt sich von Chuy oder auch vom Fortín San Miguel aus die Nebenstraße *Ruta 19* ins Landesinnere zu dem Ort 18 de Julio zu nehmen. Sie führt durch malerische, sattgrüne Sümpfe, in denen mächtige Palmen stehen – soweit das Auge reicht. Die weitläufigen **„Palmensümpfe"** sind nicht nur ein klasse Fotomotiv, sie vermitteln ein ganz anderes Palmengefühl: es gibt nämlich keinen Strand und auch keinen Beton in der Nähe, keine Bars und keine Gummi-Enten; statt dessen wohlgenährte Rindviecher, die durch den Morast talpen, als machten sie eine Kneippkur. Es heißt übrigens, die Palmen seien in dieser Gegend keineswegs endemisch. Dafür haben sie sich allerdings mittlerweile ganz schön breit gemacht. Doch niemand weiß so recht, wie sie hier hingekommen sind. Archäologen wollen

„Palmensümpfe" an der Ruta 19

Palmenkerne in einem uralten Grab der Ureinwohner gefunden haben – wer weiß? Weitere Palmen stehen bei der Festung Santa Teresa und machen auch dort eine gute Figur.

Kuriositäten:

Sozusagen am Ende von Uruguay liegt das Örtchen **Chuy**. Seine Hauptstraße ist die Grenze zwischen Uruguay und Brasilien; auf der einen Seite liegt Uruguay und auf der anderen Brasilien. Ansonsten gibt es hier eigentlich nichts Besonderes, außer einer Reihe von Geschäften in denen man ziemlich preisgünstig nichts Besonderes kaufen kann. In der Mitte des Zweiländerboulevards passen Uruguays Nationalheld Artigas und sein brasilianisches Denkmalpendant darauf auf, dass bei den Geschäften, die man hier macht, auch alles mit rechten Dingen zugeht.

Vielleicht haben die Leute schon in der alten Zeit erkannt, dass Rocha die schönste Provinz Uruguays sein könnte. Auf jeden Fall war Rocha ein ewiger Zankapfel zwischen Spaniern und Portugiesen. So haben die Portugiesen im 18. Jahrhundert begonnen, die **Festung Santa Teresa** zu errichten; dann gab es wieder ein Scharmützel, die Trutzburg wechselte den Besitzer und wurde schließlich von den

Spaniern fertig gestellt. Beim **Fort San Miguel** war es genau umgekehrt; Spanien hat mit der Festung angefangen und Portugal hat sie
vollendet – sei es drum, heute ist alles Uruguay, und das hübsche,
gelbe Moos ziert beide Gemäuer gleichermaßen.

Posada Mariemar	**Hostería Fortín San Miguel**
44705241	44746607
99875260	info@elfortin.com
mariemar@cabopolonio.com	www.elfortin.com
Posada La Perla	**El Diablo Tranquilo**
44705125	44772647
99970595	www.eldiablotranquilo.com
reservas@laperladelcabo.net	
www.laperladelcabo.net	

Der Leuchtturm von Cabo Polonio

6. Schlaglicht
Allerlei Geschichten aus Uruguay

Carlos Gardel als Graffiti in San Gregorio de Polanco

Carlos Gardel, der Weltstar, der aus der Pampa kam?

Carlos Gardel war der **größte Tangosänger aller Zeiten**. Das ist kein Geheimnis. Doch niemand weiß so ganz genau, woher der Ausnahmekünstler denn eigentlich kam. Um seinen Geburtsort ranken sich Theorien, Rechtsstreitigkeiten und Legenden. Hier die uruguayische Version:

Es war einmal im Norden Uruguays, in dem Örtchen **Tacuarembó** sagten sich Kühe und Pampasträuße gute Nacht. Bis Oberst **Carlos Escayola** auf den Plan trat. Er war Bürgermeister und Polizeichef zugleich, er schillerte, und er hatte Geld. Gegenüber der Kirche ließ Escayola ein prächtiges Theater errichten, in dem 750

Zuschauer/innen Platz hatten und berühmte Ensembles auftraten. Überhaupt lag dem Mäzen das Schöne am Herzen, ganz besonders die Frauen. So kam es, dass er viele Kinder hatte. Unter seinen Sprösslingen war ein kleiner Junge, der am 11. Dezember 1887 das Licht der Welt erblickte. Doch die Vaterfreuden waren gedämpft. Denn die Mutter war Escayolas nur 13 Jahre alte Schwägerin María Leila

Ich bin hier in Tacuarembó geboren, das ist bekannt und deshalb müßig aufzuklären. (La Tribuna Popular, 1.Oktober 1933)

Olive. So etwas war auch damals schon gegen die Regeln, selbst dann, wenn man als heimlicher König und Chef der Polizei einer Verantwortlichkeit nicht so wirklich ausgesetzt war. Unangenehm war es allemal. Also versteckte der ehrenwerte Bürgermeister seinen Jüngsten für ein paar Jahre auf seinem Landgut La Blanca. Als der Sohn und genug Gras über die Angelegenheit gewachsen waren, übergab er den Jungen der Französin Berthe Gardès, die für ihn arbeitete. So wurde Escayola den kleinen Carlos los. Dass aus dem Bastard einmal der größte Tangosänger aller Zeiten werden sollte, das konnte der alte Schwerenöter ja nicht ahnen. Die bettelarme Berthe Gardès ging mit ihrem Ziehsohn nach Buenos Aires, und dort begann die Traumkarriere des Carlos Gardel.

Und wenn diese Geschichte nicht wahr wäre, dann müsste sie doch glatt erfunden werden. Vielleicht hat sie ja auch jemand erfunden. Denn nach Gardels Tod tauchten plötzlich eine Geburtsurkunde und auch ein Testament auf, aus denen man schließen könnte, dass er in **Frankreich** geboren wurde. In den Papieren steht nämlich geschrieben, dass Berthe Gardès in ihrer Heimatstadt Toulouse einen

Jungen mit dem Namen Charles Gardès zur Welt gebracht hat. Ein paar Jahre später seien Mutter und ihr Sohnemann nach Argentinien ausgewandert. So könnte es auch gewesen sein.

Sicher ist, dass der kleine Carlos in der Nähe des zentralen Obst- und Gemüsemarkts Abasto von **Buenos Aires** nicht nur groß, sondern ein ganz Großer im Showbusiness wurde. In dem zwielichtigen Viertel, das von Bars, Spelunken und Bordellen nur so wimmelte, fiel seine Samtstimme auf. Der Gassenjunge wurde in kurzer Zeit zum Weltstar. Doch auch ein Star braucht irgendwann einmal einen Ausweis und eine richtige Staatsangehörigkeit. Der Sänger ließ sich in Argentinien einbürgern. Gegenüber den Behörden gab er an: Name Carlos Gardel, geboren am 11.12.1887 in Tacuarembó, Uruguay. Und so stand es fortan in allen seinen Papieren. In Interviews bestätigte der Sänger zumeist, dass er in Uruguay geboren sei. Doch manchmal hielt er sich auch aus seiner eigenen Herkunft raus und äußerte sich geschmeidig wie seine Stimme: „Ich bin mit 2 oder 3 Jahren in Buenos Aires geboren". Als nach seinem Tode die französischen Urkunden auftauchten, begannen die Rechtsstreitigkeiten. Doch auch die Richter konnten das Geheimnis nicht lüften – sie waren bei der Zeugung des Tangostars ja nicht dabei.

In **Uruguay** zumindest ist die Sache klar: Gardel war der Sohn von Carlos Escayola. Im ganzen Land kann man trefflich auf den Spuren des Künstlers wandeln; im Gardel-Museum in Valle Edén bei Tacuarembó, in der Casa Museo de la Ciudad y del Campo in Tacuarembó oder in Hotels, in denen der Sänger dereinst aufgetreten ist oder übernachtet hat: zum Beispiel das Biltmore Hotel in Santa Lucia oder das Hotel Concordia in Salto.

La Cumparcita und der Tango – die Wurzeln und der Ruhm

Man schrieb das Jahr 1916. In dem Tanzschuppen La Gironda im Herzen von Montevideo, da wo heute der Palacio Salvo steht, wurde der Tango **La Cumparsita** uraufgeführt – ohne Erfolg. Niemand ahnte, dass die von dem uruguayischen Studenten Gerardo Matos

Rodríguez komponierte Melodie einmal der meistgespielte Tango der Welt werden könnte. Das Stück geriet in Vergessenheit – bis Carlos Gardel auf den Plan trat. Er machte aus La Cumparsita ein Lied, das in kurzer Zeit zum Tophit avancierte.

Wie war das noch gleich: Gardel könnte in Uruguay geboren sein; zum Star wurde er auf der anderen Seite des Río de la Plata. Uruguayische Wurzeln und argentinischer Ruhm – könnte das beim **Tango** überhaupt so gewesen sein? Kein Geringerer als der argentinische Nationalschriftsteller Jorge Luis Borges hielt es für möglich, dass der Tango nicht etwa in seiner Heimatstadt Buenos Aires sondern in den Vorstädten von Montevideo entstanden ist. Doch die Gelehrten und die Lokalpatrioten beiderseits des Río de la Plata streiten sich bis heute, ob das schillernde Buenos Aires oder seine kleine verschlafene Schwester Montevideo die Mutter des Tango war.

Seine **musikalischen Wurzeln** hat der Tango in spanischen Melodien und afrikanischen Rhythmen, die Sklaven dereinst nach Lateinamerika brachten. Aus dieser Mischung wurde der Candombe der Afro-Lateinamerikaner, in Kuba die Habanera, in Buenos

Aires und in Montevideo die Milonga. Und irgendwann Ende des 19. Jahrhunderts war in beiden Städten dann auch der Tango da, jene einzigartige Tanzmusik, in der sich Liebe, Sex und Trauer treffen. Der Tango hatte etwas Anrüchiges, er wurde in finsteren Bars und in Bordellen gespielt, handelte von Prostituierten und den Sehnsüchten gescheiterter Existenzen. Musik aus der Puffszene, das war nichts für die bessere Gesellschaft der damaligen Zeit.

Doch alles, was aus **Paris** kam, war das non plus ultra. Und dort kam der Tango Anfang des 20. Jahrhunderts plötzlich groß in Mode. Grund genug, um auch am Río de la Plata gesellschaftsfähig zu werden. Zurückgekehrt aus Paris trat der Tango seinen Siegeszug an und machte Buenos Aires zur Tango-Stadt schlechthin. In Argentinien wird gerne alles groß gemacht, Uruguay blieb bescheiden im Hintergrund. Das klassische Tangoinstrument, das Bandoneon, haben übrigens wir Deutsche beigesteuert. Erfunden hatte es der Krefelder Musiklehrer Heinrich Band – daher der Name Bandoneon. Deutsche Einwanderer brachten die Quetschkommode an den Río de la Plata.

Noch einmal **La Cumparcita**: Im Jahre 1998 hat Uruguay die Melodie per Gesetz zur Kulturhymne des Landes erhoben. Argentinien legte nach, seine Olympiamannschaft marschierte im Jahre 2000 bei den Spielen in Sydney zu den Klängen von La Cumparsita ein. Das musste ja wohl nicht sein; der Fauxpas führte zu diplomatischen Verwicklungen zwischen beiden Ländern.

33 Palmen für 33 Helden

Auf der **Plaza Independencia** in Montevideo stehen genau **33 Palmen**. Sie sind 33 mutigen Männern gewidmet, die aus der Provinz Buenos Aires in Argentinien gen Osten zogen. Daher nennt man sie die 33 Orientales. Sie vollendeten, was Nationalheld Artigas nicht so ganz hingekriegt hatte: die Unabhängigkeit Uruguays.

Chef der Orientales war **Juan Antonio Lavalleja**, ein Mitstreiter von Artigas. Sie überquerten im April 1825 den Río Uruguay und landeten an der Playa de la Agraciada. In Uruguay vereinigten die Ossis sich mit dem Heer von **Fructuoso Rivera**, dem späteren ersten Präsidenten. Mit vereinten Kräften wurden die Brasilianer geschlagen, die zwischenzeitlich das Land besetzt hatten; und so wurde Uruguay endgültig unabhängig.

Der Papst, die Alchimisten und der Heilige Gral

Papst Johannes Paul II. war der einzige Papst, der jemals in Uruguay war, und das gleich zweimal. 1987 hat er an der riesigen Kreuzung bei dem Busbahnhof Tres Cruces vor mehr als 300.000 Menschen eine bewegende Messe gehalten; in seiner Predigt sagte Johannes Paul II., dass Uruguay ein Volk des Herzens sei. Diese Worte kamen so authentisch aus dem Herzen des Heiligen Vaters, dass man ihm an der Stelle, an der er gesprochen und für die Menschen gebetet hatte, ein Denkmal setzte. Dies wiederum rührte den polnischen Papst, und so kam er im Jahre 1988 noch einmal nach Uruguay.

Vielleicht hatte er aber noch einen ganz anderen Grund, nach Uruguay zurückzukehren, nämlich den **Heiligen Gral** zurück in den Vatikan zu holen. Denn angeblich hatte sein Vorvorvorvorgänger, Papst Pius XII. dem Alchimisten Humberto Pittamiglio den Kelch Jesu Christi in Verwahrung gegeben. Bis zum Besuch des Papstes 1988 soll der Heilige Gral in einem der beiden seltsamen Schlösser Pittamiglios bei Montevideo oder bei Piriápolis versteckt gewesen sein. Ob das wohl stimmt? Wer weiß, nachgewiesen ist die Story jedenfalls genauso wenig wie der Da Vinci Code.

Denkmal für Johannes Paul II. in Montevideo

Auch ohne Weltrevolution unvergessen: die Tupamaros

Es war die Zeit des Che Guevara; Lateinamerika schien sich zu verändern. Da entstanden in Uruguay die **Tupamaros**, die vielleicht **schillerndste Widerstandsbewegung**, die die Welt jemals gesehen hat. Ein bisschen Robin Hood und ein bisschen Operette, ein bisschen Weltrevolution und ein bisschen Spaßguerilla. Die Coups der Tupamaros waren von einer derartigen kriminellen Leichtigkeit, dass kein Filmregisseur es besser hinkriegen würde. Da kommen als Polizisten verkleidete Guerilleros in eine Bank und warnen vor einem Bomben-anschlag; während die verschreckten Banker nach dem Sprengsatz suchen, räumen die Tupamaros den Safe leer. Da wird in einer Großaktion ein 1500 Kilo – in Worten Eintausendfünfhundert Kilo – schwerer Geldschrank auf einen LKW verladen, und keiner merkt etwas davon. Einen Teil ihrer Beute haben die Tupamaros an die Armen verteilt.

Vielleicht gerade, weil ihre Aktionen so originell und sympathisch waren, verlief die weitere Geschichte der Tupamaros besonders **tragisch und erschütternd**. Die Widerstandsbewegung gewann immer größeren Rückhalt in der Bevölkerung bis weit in bürgerliche Kreise hinein. Dies wiederum führte zu brutalen und menschenver-achtenden Reaktionen von Regierung und Militär. 1973 zerschlägt die uruguayische Armee die Tuparamos, wirft Tausende ins Gefängnis und errichtet eine Militärdiktatur, die vor keiner Folter zurückschreckt. Das Land versinkt für Jahre in Hoffnungslosigkeit und Angst.

Doch die Tupamaros bleiben unvergessen; Anfang des 21sten Jahrhunderts erlebt die legendäre Widerstandsbewegung eine friedliche Renaissance im bürgerlichen Gewand. Der erst im Gefängnis und dann in Ehren ergraute Tupamaro **Pepe Mujica** wird 2010 zum Präsidenten Uruguays gewählt. Mujica ist ein völlig unkonventioneller und grundbescheidener Präsident; er fährt einen klapperigen VW und spendet 90% seines Einkommens für gemeinnützige Zwecke. Auch Ricardo Ehrlich, Bürgermeister

Montevideos von 2005 bis 2010 und heute Erziehungsminister, gehörte den Tupamaros an.

Panzerkreuzer Admiral Graf Spee –
oder Harakiri am Río de la Plata

Montevideo am **17. Dezember 1939**: Tausende Menschen stehen am Kai und sehen zu, wie ein riesiges Kampfschiff den Hafen verlässt. Das Monstrum pflügt sich rauchend und stampfend durch den Río de la Plata. Am Heck des Schiffes thront ein 400 Kilogramm schwerer Reichsadler mit einer Spannweite von fast drei Metern; in seinen mächtigen Krallen ein dämonisches Hakenkreuz. Plötzlich, schon etwas weiter draußen auf dem Silberfluss. Die Schaulustigen trauen ihren Augen nicht. Es kracht und knallt, Sprengsätze detonieren, dabei ist weit und breit kein feindliches Schiff zu sehen. Die Admiral Graf Spee speit Feuer, gewaltige Flammen und schwarzer Rauch steigen zum Himmel auf. Der Panzerkreuzer muss sich **selbst in Brand** gesetzt haben. Was war passiert?

Die Admiral Graf Spee war der Stolz von Hitlers Kriegsmarine, eine **monströse Kampfmaschine** mit 55.000 PS und 1100 Mann Besatzung. Die Wunderwaffe des Bösen stach 1939 in See und wütete den Rest des Jahres im Atlantik. Kapitän Hans Langsdorff hatte den Kampfauftrag, britische Handelsschiffe zu versenken und so die Lebensadern des Vereinigten Königreiches zu kappen. Der Panzerkreuzer schlug neun Mal zu und vernichtete über 50.000 Bruttoregistertonnen. Dann reichte es den Engländern; sie jagten die Admiral Graf Spee. Am Río de la Plata stellten drei britische Kriegsschiffe den Deutschen eine Falle. Am 13.12.1939 gelang es ihnen, den Panzerkreuzer wund zu schießen. Kapitän Langsdorff schaffte es gerade noch, sein Schiff in den Hafen von Montevideo zu retten. Doch Uruguay wollte mit dem halb kaputten Monstrum auch nichts zu tun haben. Nach Ablauf von 72 Stunden musste die Admiral Graf Spee den Hafen verlassen. Das bedeutete **Schachmatt**; denn in so kurzer Zeit konnte niemand das angeschossene Schiff wieder

Schlagzeile des Daily Mirror im Dezember 1939

kampffähig machen, und auf dem Río de la Plata lauerte die britische Marine. Langsdorff entschloss sich zum Schiffsharakiri. Er ließ den größten Teil der Besatzung heimlich an Land gehen. Am 17.12.1939 lief die Graf Spee mit nur noch 40 Mann aus. Die Besatzung legte Sprengsätze und rettete sich selbst mit Beibooten und Kapitän nach Buenos Aires.

In den Augen der Militärhistoriker war **Kapitän Hans Langsdorff** eine Art Ehrenmann in den Diensten des Teufels. Auf den neun britischen Handelsschiffen, die er versenkt hat, ist niemand zu Tode gekommen. Die Mannschaften wurden auf die Begleitboote genommen, die Kapitäne zum Teil auf die Graf Spee selbst. Einer der englischen Kapitäne hat Freundschaft mit Langsdorff geschlossen. Dennoch gab es kein Happy End für den Deutschen; nach seiner Ankunft in Buenos Aires hat Langsdorff seinem Schiff die letzte Ehre erwiesen und sich selbst erschossen. Heldentrostpflaster: Er bekam in Argentinien ein Begräbnis mit allen militärischen Ehren, zu dem auch zahlreiche Engländer erschienen. Und was ist mit dem **Adler** passiert? Im Jahre 2004 hat man begonnen, das Wrack der Admiral Graf Spee aus dem Río de la Plata zu entfernen; denn der Unterwasser-Schrotthaufen behinderte zunehmend die Schifffahrt. Bei dieser Aktion kam auch der Adler mit dem Hakenkreuz zum Vorschein. Damit der böse Vogel nicht in falsche Hände geriet, reiste der deutsche Außenminister eigens nach Montevideo. Er sprach mit der uruguayischen Regierung über den Verbleib des erst einmal sichergestellten Ungetüms. Eine Idee ist, ihn art- und geschichtsgerecht auszustellen – Ende offen.

Bismarck ohne Hering und die Schweiz Lateinamerikas

Beides ist mit dem Namen Batlle verbunden. **José Batlle y Ordoñez** war der vielleicht erfolgreichste uruguayische Präsident aller Zeiten. Er machte in seinen beiden Amtszeiten von 1903 bis 1907 und von 1911 bis 1915 aus dem kleinem Land, in dem die Gauchos frei herumritten und ansonsten die Oligarchen das Sagen hatten, einen modernen Staat. Genau wie unser Reichskanzler Otto von Bismarck führte er die Sozialversicherung ein. Bismarck ließ es ansonsten bei dem altmodischen Kaiserreich bewenden und aß seinen Hering; Batlle y Ordoñez indes modernisierte unverdrossen weiter. Er führte die Trennung von Staat und Kirche herbei, ermöglichte Ehescheidungen und stärkte die Rechte der Frau. Uruguay war richtig gut drauf, fortschrittlicher als so manches Land in Europa.

Den legendären Ruf, die **Schweiz Lateinamerikas** zu sein, erwarb sich das kleine Land am Silberfluss jedoch erst Ende der 1940er Jahre. Uruguay war in der Mitte des letzten Jahrhunderts ein wirtschaftlich äußerst erfolgreicher Wohlfahrtsstaat; das Pro-Kopf-Einkommen lag an der Spitze Lateinamerikas; es gab kaum noch Analphabeten, die Kindersterblichkeit war gering. Und wieder war ein Batlle Präsident, Luis Batlle Berres, ein Neffe des Superpräsidenten. Es gab später sogar noch einen dritten Batlle-Präsidenten; er hieß José mit Vornamen und regierte von 1999 bis 2004; allerdings mit nur mäßigem Erfolg. In seiner Amtszeit ging es wirtschaftlich und auch sozial ziemlich steil bergab. Seine Partei, die traditionsreichen Colorados, sackte auf 10% der Stimmen ab, und seitdem ist das Mitte-Links-Bündnis der Frente Amplia am Ruder.

Von den Guaranís und der traurigen Reise der vier Charrúas aus der Pampa über Paris nach Montevideo

Von indigenen Völkern in Uruguay hört man recht wenig. Tatsächlich hat es in dem Land östlich des Uruguay-Flusses keine von Macht und Gold glänzende Hochkulturen wie Inkas, Azteken oder Mayas gegeben. Auch keine dermaßen unerschrockenen Krieger wie Chiles Mapuche, die so beinhart waren, dass die Spanier lange Zeit nicht mit ihnen fertig wurden. Indigene gab es aber doch, hauptsächlich **Guaranís**, die sich von ihrem angestammten Siedlungsgebiet im heutigen Paraguay unter anderem nach Uruguay begaben. Dort haben sie durchaus eine wichtige Rolle gespielt. Im Jahre 1516 gelang es ihnen, Juan Días de Solís, den ersten Spanier im Lande, umzubringen. Später kämpften sie an der Seite des Freiheitshelden Artigas und des ersten uruguayischen Präsidenten Rivera. In den Reduktionen der Jesuiten wurden sie zu geschickten Handwerkern und guten Bauern, bis sie sich schließlich so mit den eingewanderten Europäern vermischten, dass sie als eigener Volksstamm verschwanden und mehr oder weniger vergessen wurden.

Es gab aber auch noch ein paar Tausend **Charrúas**, ziemlich kriegerische, durch die Pampa streifende Nomaden, die so gar nicht in die junge und „moderne" Republik passen wollten. So ließ besagter Präsident Rivera sie im Jahre des Herrn 1831 kurzerhand fast alle umbringen. Vier Charrúas, die das grausame Gemetzel überlebt hatten, verschiffte man nach **Paris**, wo sie fortan den neugierigen Franzosen als exotische Attraktion zur Schau gestellt wurden. Schließlich musste man sich zur Bespaßung des Volkes in der alten Zeit etwas einfallen lassen – es gab ja noch kein Fernsehen. Gegenüber den vier Charrúas war das natürlich gar nicht nett; aber dafür setzte man ihnen im Jahre 1938 im Parque Prado von Montevideo ein Denkmal. Fast ein Happy End, denn einmal in Bronze gegossen ist es längst nicht mehr so entwürdigend, von Sonntagsspaziergängern angestarrt zu werden.

7. Schlaglicht
Estancias

Vornehm und einsam in der Pampa: das Pionier-Estancia-Hotel San Pedro de Timote

Ein Hauch von Freiheit und Abenteuer; ein Gefühl dafür, wie das Leben der legendären Gauchos einmal war; das Trappeln einer Herde glücklicher Rinder; das glänzende Fell eines eleganten Pferdes; ein Ritt in die unendliche Weite der Pampa, hinter der nach einem heißen Tag die glutrote Sonne versinkt; ein ausklingender Tag vor dem knisternden Kamin eines noblen Herrenhauses – **das andere Uruguay**, ein Uruguay, wie es vor hundert Jahren schon existierte. Es gibt sie noch, diese ruhige Welt; es gibt sie noch auf den alten Landgütern, die man in Uruguay Estancias nennt. Etliche von ihnen haben ihre Tore für Feriengäste geöffnet. Manche lassen ihre Besucher/innen sogar am täglichen Pampa-Leben teilnehmen. Da kann auch schon einmal im Beisein der Gäste ein Tier geschlachtet werden, das hinterher auf den Teller kommt. Tagestouren und Ausritte auf dem Rücken der herrlichen Pferde gehören zum Standardprogramm, und die Frühstückseier kommen definitiv nicht aus der Legebatterie.

Die meisten Estancias werden nicht als permanente Landhotels betrieben, sondern funktionieren nach Bedarf. Wer nicht vor einem geschlossenen Gatter stehen möchte, sollte also vorab buchen, entweder direkt bei der jeweiligen Estancia oder über ein Reisebüro. Viajes Cecilia Regules in der *Calle Bacalay 1334* (Ladenpassage) ganz in der Nähe der Plaza Independencia in Montevideo hat sich auf Estancia-Besuche spezialisiert. Die sympathische und rührige Inhaberin kann Ihnen 350 verschiedene Landgüter anbieten, je nach dem, wo es sein soll, was Sie dort erwarten und wie viel Zeit Sie für Ihren Abstecher ins Landleben mitgebracht haben.

Wer in Uruguay unterwegs ist und noch keine Estancia gebucht hat, kann sich auch an eine der meist sehr hilfsbereiten Touristeninformationen wenden. Die Chancen stehen nicht schlecht, dass man sogar bei in der Gegend liegenden Estancias anruft und nachfragt, ob eine Unterbringung gerade möglich ist.

Highlights:

Das bekannteste, das prächtigste und gleichzeitig das Pionier-Estancia-Hotel steht etwa 150 Kilometer von Montevideo entfernt vornehm und einsam in der Pampa: **San Pedro de Timote**. Feudale Gebäude in leuchtendem Weiß zwischen majestätischen Bäumen; einigen hat man mit der Gartenschere kunstvolle geometrische Formen gegeben wie im Schloss Versailles. Die mit andalusischen Kacheln reich verzierte Estancia stammt aus dem Jahre 1854; im Jahre 1996 wurde sie zum komfortablen Hotel umgebaut; kurz darauf avancierte sie zum nationalen Kulturerbe (Monumento Histórico Nacional). San Pedro de Timote steht für Landleben de luxe. Man erreicht die schöne Estancia über die *Ruta 7* und biegt bei Kilometer 143 links ab – oder über die *Ruta 6*; dann geht es ebenfalls bei Kilometer 143 rechts ab (Doppelzimmer 100 – 150 Euro).

Die **Estancia Guardia del Monte** gab es schon in der Kolonialzeit; sie war ein spanischer Wachposten. Das Anwesen ist traumhaft

Die Thermal-Estancia: San Nicanor

schön am Ufer der Laguna de Castillos gelegen; und als sei dies nicht Romantik genug, gleich hinter dem Haus liegt ein geheimnisvolles Wäldchen rätselhafter Ombú-Bäumen, durch das des Nachts (vielleicht) die Kobolde streifen. Man erreicht die Estancia Guardia del Monte über eine etwa zehn Kilometer lange Erdstraße, die bei Kilometer 261 von der *Ruta 9* abgeht (Doppelzimmer ab 80 Euro).

San Nicanor, die Thermal-Estancia: Ein mehr als 100 Jahre altes Farmhaus mit knarrenden Dielen und riesenhaften Türen; vor den alten Mauern ein Pool, der von heißen Quellen gespeist wird. Stolze Pfauen streunen über das weitläufige Gelände und schlagen ihren tiefblauen Federkranz, im Hintergrund ein stiller See. Und als touristisches Sahnehäubchen gibt es ein paar Kilometer entfernt noch eine zweite, größere Thermalbadanlage, die ebenfalls zu San Nicanor gehört. Die Estancia liegt etwa 20 Kilometer südwestlich von Salto, von der Stadt kommend auf der *Ruta 3* direkt hinter der Brücke über den Río Daymán links abbiegen (Doppelzimmer ab 70 Euro; in einem neuen Anbau kann man für 20 Euro in Mehrbettzimmern übernachten).

Etwa 20 Kilometer westlich von Trinidad an der *Ruta 3* liegt bei Kilometer 209 die ungefähr ein Jahrhundert alte **Estancia La Estiria**, urgemütlich eingerichtet mit Möbeln aus Urgroßmutters Zeiten. Der freundlich liebevolle Service und das gute Essen garantieren einen gelungenen Aufenthalt, auf Wunsch natürlich mit Ausritten und Eintauchen ins Landleben (pro Person ca. 90 Euro, drei Mahlzeiten inklusive). Einen Pool gibt es auch. Die Estancia gehört einer deutsch-österreichischen Familie, die sich an so manchem Wochenende zu ihren Gästen gesellt. Lassen Sie sich unbedingt die alte Residenz des Gutsverwalters zeigen, ein Geisterhaus voll von alten Möbeln, Spinnenweben und Hunderten von vergilbten Büchern. Ich habe dort einen Daily Mirror aus dem Jahre 1939 herumliegen sehen, in der über den Untergang des Panzerkreuzers Admiral Graf Spee berichtet wird. Eine ideale Kulisse für einen gruseligen Thriller.

Tipps:

Nur ein paar Kilometer von dem Städtchen Carmelo, am oberen Río de la Plata auf historischen Mauern gewachsen: die **Estancia Tierra Santa**. Sie war schon Teil der Jesuiten-Reduktion Calera de Huérfanos. Heute bietet sie Ländlichkeit, Komfort und weithin gelobte Gastlichkeit.

Die **Estancia Don Miguel** macht Werbung mit dem Slogan „Slow Turismo". Man kann sich mit einem uralten Ford aus dem Jahre 1928 durch die Gemarkung kutschieren lassen. Vielleicht sind auch die Pferde für den Ausritt etwas älter und ruhiger. Die Gebäude des Landguts sind indes nicht besonders antik (Doppelzimmer mit Vollpension ca. 150 Euro). Don Miguel liegt in der Nähe des Dorfes Cufre bei Nueva Helvetia (Kilometer 118 auf der *Ruta 1* von Montevideo nach Colonia).

Keine historischen Gebäude, aber sehr schick und im oberen Preissegment: **El Charabon**. Die Estancia ist fantastisch gelegen, nur etwa 10 Kilometer von der Atlantikküste mit den herrlichen Stranddünen von Cabo Polonio in der Provinz Rocha; auch die Festung

Santa Teresa und die Ombú-Wälder sind nicht weit weg. Von der *Ruta 9* geht es bei Kilometer 220 rechts ab und dann noch einmal rechts, um auf das weitläufige Gelände der Estancia zu kommen (Doppelzimmer mit Vollpension ca. 400 Euro).

Die **Hostería y Estancia La Paz** ist ein regelrechter Hotelbetrieb auf recht hohem Niveau, untergebracht in einem stattlichen Gebäude aus dem 19. Jahrhundert nebst Kapelle, dazu ein Pool aus dem 20. Jahrhundert. Die edle Estancia liegt etwas südlich von Paysandú; entweder fahren Sie von der *Ruta 24* in Richtung Fray Bentos bei Kilometer 86,5 links ab oder von der *Ruta 3* in Richtung Montevideo bei Kilometer 336 rechts ab (Doppelzimmer ca. 100 Euro).

Eine stimmungsvolle Estancia der alten Zeit, wunderschön gelegen an den Ufern des Río Negro mit seinen herrlichen Sandstränden; familiär geführt, sympathisch und authentisch: **La Sirena** in der Provinz Soriano, von Mercedes kommend bei Kilometer 7 von der *Ruta 14* abbiegen, dann noch etwa 10 Kilometer durch die Pampa (Doppelzimmer mit Vollpension ca. 200 Euro).

Taucht schon in alten Geschichtsbüchern auf: die Estancia Tornero

Die **Estancia Tornero** (von der *Ruta 6* bei Kilometer 121 rechts abbiegen, dann noch etwa 12 Kilometer durch die Gemarkung) taucht schon in den alten Geschichtsbüchern auf. Es ist eine dementsprechend schlichte Unterkunft mit vier ziemlich abgewohnten Zimmern, antiken Kaminen und einem Hof mit dem betörenden Duft von Rosen und Jasmin. Tornero liegt etwa 30 km von der bekannteren Estancia San Pedro de Timote entfernt – Pampa-mäßig gedacht sozusagen in der Nachbarschaft.

Seit 1995 gibt es auf der schon seit 1849 bestehenden **Estancia El Ceibo** Landurlaub mit Familienanschluss – die Eigentümerfamilie betreut die Gäste höchstpersönlich. Es gibt einen kleinen See und einen Fluss, wo man schwimmen und fischen kann, auch einen alten Traktor, mit dem man mal fahren darf (Doppelzimmer mit Vollpension ca. 200 Euro). Die Estancia liegt etwa 16 Kilometer von der Provinzhauptstadt Florida entfernt; auf der *Ruta 5* geht es bei Kilometer 97,4 rechts ab.

Das Landhotel **El Balcón del Abra** liegt ca. 185 Kilometer von Montevideo in der Provinz Lavalleja (zwei Kilometer hinter der Kleinstadt Mariscala rechts von der *Ruta 8* abbiegen). Im Angebot sind Landleben und schöne Zimmer, Vogelbeobachtung und ein Ausflug zu den sehenswerten Höhlen Grutas de Salamanca. Auf dem Anwesen soll angeblich im Jahre 1918 der berühmte Tangosänger Carlos Gardel zu Gast gewesen sein.

Reisebüro Cecilia Regules 29163012 www.ceciliaregulesviajes.com	**Estancia Guardia del Monte** 44705180 und 99872588 guardiam@adinet.com.uy
Estancia San Pedro de Timote 43108086 und 43108087 reservas@sanpedrodetimote.com www.sanpedrodetimote.com	**Estancia San Nicanor** 47302209 und 47377828 info@sannicanor.com.uy www.sannicanor.com

Estancia Estiria
43604136
99607789
www.laestiria.com

Estancia Tierra Santa
45402331
99543607
info@estanciatierrasanta.com
www.estanciatierrasanta.com

Estancia Don Miguel
45502041
99681496
www.estanciadonmiguel.com

Estancia El Charabon
44702403
99127345
www.elcharabon.com
charabon@adinet.com.uy

Hostería y Estancia La Paz
44202272
99721513
info@estancialapaz.com.uy
www.estancialapaz.com.uy

Estancia La Sirena
99102130
45302271
info@lasirena.com.uy
www.lasirena.com.uy

Estancia Tornero
23364164
43502169
matildev@adinet.com.uy

Estancia El Ceibo
99125761
43523393
www.elceibo.com.uy

El Balcón del Abra
44409479
99369430
info@elbalcondelabra.com
www.elbalcondelabra.com

8. Schlaglicht
Am Río Uruguay

Der Strand von Las Cañas

Highlights:

Salto, die zweitgrößte Stadt Uruguays, dürfte mit Fug und Recht den Titel **„Thermen-Hauptstadt"** tragen, wenn es diesen denn gäbe. In Deutschland hieße der Ort vermutlich Bad Salto. Zwischen 27 und 46 Grad warme Quellen sprudeln in seiner Umgebung aus der Erde und verheißen wohlige Heilwirkungen. Hier die Top 3 der Thermen: Die **Termas de Daymán** – nur eine knappe Viertelstunde außerhalb von Salto – locken mit den 12 Pools der öffentlichen Anlage und einem Thermal-Spaßbad mit Wasserrutschen Jahr für Jahr um die 350.000 Besucher/innen an. Um die recht ansprechende Anlage herum hat sich ein lebendiges Ferienzentrum mit Restaurants, Geschäften und Hotels gebildet. Etwas weiter weg, sozusagen „in the middle of nowhere", liegen die ältesten Thermalbäder Uruguays, die **Termas de Arapaey**. Man muss etwa 60 Kilometer auf der *Ruta 3* in Richtung Norden fah-

Die „Thermen-Hauptstadt" Uruguays: Salto

ren und dann noch einmal knapp 20 Kilometer rechts in die Gemarkung. Es lohnt sich. Die seit fast 70 Jahren bestehenden Anlagen sind sehr schön in die Landschaft eingepasst. Hotels und Restaurants gibt es auch; sogar einen Bus – der fährt allerdings nur einmal am Tag ab Salto. In südlicher Richtung etwa auf halbem Weg von Salto nach Paysandú liegen – sozusagen Fernfahrer-gerecht – direkt an der *Ruta 3* die **Termas de Guaviyú**.

Tipps:

Am Rand der Stadt **Fray Bentos** verharren zwei Kräne mit löchrigen Aufbauten aus schon lange verwittertem Holz am Ufer des träge dahin fließenden Río Uruguay; ausgediente, stumme Zeugen einer beispiellosen industriellen Erfolgsstory Lateinamerikas. Hier war einmal „die große Küche der Welt", die Firma **Frigorífico Anglo**, ein Unternehmen, das in seinen Bestzeiten pro Tag bis zu 3500 Rinder und insgesamt bis zu 8000 Tiere verarbeitete. Welch ein Lebensmittelkonzern, welch ein Blutvergießen. Alles begann Mitte des 19. Jahrhunderts mit einem Patent des deutschen Chemikers Justus von Liebig. Mit Liebigs Formel gelang es aus 32 Kilo Rindfleisch ein Kilo Fleischextrakt herzustellen. Dieses neue Verfahren kam für die Viehwirtschaft in Uruguay wie gerufen. Denn damals verarbeitete man Felle, Hörner, Hufe, Schwanz und Knochen der Tiere zu allen möglichen Dingen, die in einer zivilisierten Welt hilfreich sind, wie Leder, Schuhe, Knöpfe, Pinsel oder Kämme. Doch es gab noch keine Kühlverfahren und auch sonst keine Möglichkeiten, große Mengen Fleisch für längere Zeit haltbar zu machen. 1885 wurde die Liebig's Company gegründet, und schon bald war der neuartige Extrakt ein Verkaufsschlager. Unter dem Namen OXO ging die äußerst nahrhafte Paste um die Welt. Sie begleitete Stanley auf seiner großen Afrika-Expedition, die Bezwinger des Mount Everest hatten sie im Gepäck, und in beiden Weltkriegen war OXO die eiserne Ration ganzer Armeen. 1889 wurde außerdem das allseits beliebte Corned Beef in Konserven auf den Markt gebracht. In den 1920er Jahren übernahmen die Engländer das Unternehmen und gaben ihm einen neuen Namen: Frigorífico Anglo. Es war ein Konzern, dem es gelang, buchstäblich alle Teile eines Rindes in irgendein Produkt zu verwandeln. Doch nichts währt ewig; im Jahre 1979 musste das ehemalige Vorzeigeunternehmen für immer seine Pforten schließen. Wer mehr über diese spannende Firmen-Saga erfahren möchte, besuche das ehemalige Betriebsgelände mit all seinem Industrie-Ruinen-Charme. Führungen gibt es täglich um 10.00 Uhr, wenn es nicht gerade regnet. Das dazugehörige „Museum der industriellen Revolution" ist bis 17.00 Uhr geöffnet.

Hier war einmal die „große Küche der Welt": die Firma Frigorífico Anglo

Die Ortschaft **Nuevo Berlin** etwa 50 Kilometer nördlich von Frey Bentos wurde 1875 von deutschen Auswanderern gegründet. Der uruguayische Ableger unserer Hauptstadt entwickelte sich indes nicht ganz so dynamisch wie die Metropole an der Spree. Das neue Berlin träumt mit seinen 3500 Seelen am malerischen Ufer des Río Uruguay ziemlich gottverlassen vor sich hin; gottverlassen im wahrsten Sinne des Wortes, hat man doch die Kirche so errichtet, dass sie dem Dorf ihre Rückfront zeigt. Dabei gibt es durchaus zwei Touristenattraktionen: zum einen ein Miniaturmonument der Freiheit mit einem Originalstück der Spree-Berliner Mauer. Zum anderen die absolute Ruhe – hier schlafen die Straßenköter so fest, dass ich mich gewundert habe, warum die nicht schnarchen.

Leider mit öffentlichen Verkehrmitteln kaum zu erreichen: **La Meseta de Artigas**. Für Autofahrer/innen ist es einfacher: auf der *Ruta 3* von Salto in Richtung Paysandú etwa 30 Kilometer hinter Salto (bei Kilometer 487) rechts abbiegen; dann sind es noch ungefähr 15 Kilometer bis zu der imposanten Gedenkstätte. Das Monument des Nationalhelden ist das größte seiner Art und stolze 37 Meter hoch; der „Ober-Artigas" steht am Ufer des Río Uruguay und blickt feldherrenmäßig in die Ferne.

Das **Hotel Concordia** in Salto gab es schon im Jahre 1860, manche sagen es sei noch älter; auf jeden Fall ist es das älteste Hotel Uruguays. Es wird nach und nach mit einfachen Mitteln und Respekt vor dem Bestehenden restauriert. Subtropische Pflanzenpracht umspielen die Patina und die verschachtelten Innenhöfe der stim-

mungsvollen Herberge. Das Zimmer mit der Nummer 32, in dem einst das Tango-Idol Carlos Gardel übernachtete, ist zu

Ältestes Hotel Uruguays:
Hotel Concordia in Salto

einem kleinen Museum umgestaltet. Für die heutigen Gäste kostet ein Doppelzimmer etwa 30 Euro.

In dem netten Ferienort bei den **Thermen von Daymán** kann man sich gut und gerne ein paar Tage aufhalten. Es gibt genügend Unterkünfte und eine ganze Reihe von freundlichen Restaurants. Das hübsche Hotel **La Posta del Daymán** hat sogar eigene, kleine Thermalbecken – Entspannung pur, ganz ohne den Trubel des großen, öffentlichen Bades gleich nebenan (Doppelzimmer zwischen 50 und 85 Euro).

Geheimtipps:

Der kleine Ferienort **Las Cañas** bei der Stadt Fray Bentos schmiegt sich in eine kleine Ausbuchtung des Río Uruguay. Ein goldgelber Sandstrand neigt sich sacht in den breiten, von Bäumen umstandenen Fluss. Des Abends versinkt die Sonne mit wunderbaren Farbspielen in den Fluten des schier unendlich weiten Gewässers. Nicht umsonst ist Las Cañas eins der beliebtesten Strand-

Die Thermalbäder von Daymán

Die gesammelten Weisheiten des Padre Pio

bäder Uruguays – jedoch wenn man außerhalb der Saison kommt, schlummert das gepflegte Örtchen vor sich hin, als sei es in einen tiefen Dornröschenschlaf versunken. Ganzjährig geöffnet hat das einfache, aber anständige **Hotel El Entorno** (das ehemalige Hotel Municipal, Doppelzimmer zwischen 30 und 50 Euro). Zu der Anlage gehört ein hübsches Restaurant, das etwas erhöht über der lauschigen Bucht liegt. Wie bei vielen anderen südamerikanischen Badeorten ist auch in Las Cañas das Angebot an Ferienwohnungen viel größer als das der Hotels. Die nicht weit vom Strand entfernten Apartments **Sol y Luna** sind recht gut ausgestattet und haben einen sehr freundlichen und fürsorglichen Besitzer (Apartment ca. 40 Euro).

Seit 1987 gibt es südöstlich von Salto einen originellen **Wallfahrtsort**. Fahren Sie von Salto aus über die *Ruta 3* in Richtung Süden und biegen nach etwa 10 Kliometern nach links ab. Die geweihte Stätte ist **Padre Pio de Pietrelcina** gewidmet, einem der meist verehrten italienischen Geistlichen. Padre Pio soll Wunder und Heilungen vollbracht, Karol Wojtyla soll er die Wahl zum Papst prophezeit haben. Es heißt, dass sich an seinem Körper die Stigmata Christi gebildet haben. Diese Erscheinung war selbst der katholischen Kirche nicht ganz geheuer; doch schließlich hat man Padre Pio im Jahre 2002, fast 35 Jahre nach seinem Tod heilig gesprochen. Padre Pio soll zudem über die seltene Gabe der Bilokation verfügt haben, das heißt er konnte an zwei verschiedenen Orten zugleich sein. So stand er im Jahre 1942 in Salto dem damaligen Generalvikar Monseñor Damiani bei, als dieser sich aus dem irdischen Leben verabschiedete. Doch Padre Pio war nicht etwa mit dem Schiff oder dem Flugzeug gekommen; nein, er tat zur selben Zeit seinen Dienst im italienischen Kloster San Giovanni Retondo. Der Weg zur Grotte des Heiligen ist mit einer ganzen Armada von Plakaten gepflastert, die alle paar Meter seine gesammelten Weisheiten verkünden. Wer es schafft, bei seinem Besuch all die guten Sprüche zu lesen und in sich aufzunehmen, braucht sich sein Leben lang vor nichts mehr zu fürchten, auch nicht vor dem Tod.

Kuriositäten:

Nicht nur Gläubige kommen zur Grotte des Padre Pio; denn auf der benachbarten **Estancia La Aurora** befindet sich eine der Achsen der Welt, über die man mittels der Energie eines Quarzes in andere Dimensionen gelangen kann. **Fliegende Untertassen, Irrlichter und Feuerbälle** wurden gesichtet. Am 4.2.1976 soll es eine unheimliche Begegnung der dritten Art gegeben haben. Seitdem stehen kosmologische Sekten, Ufologen und sonstige Freunde der Außerirdischen Schlange. Auch Neil Armstrong, der US-amerikanische Mann auf dem Mond, war mehrfach hier. Selbst die uruguayische Luftwaffe ist mit von der Partie. Seit 1979 gibt es eine Kommission der Streitkräfte, die sich ausschließlich mit der Aufklärung von UFO-Phänomenen beschäftigt; bisheriges Forschungsergebnis: insgesamt wurden 40 tatsächlich unbekannte Flug-Objekte im Luftraum des kleinen Landes gesich-

Treffpunkt für Ufologen:
Estancia La Aurora

tet. Na denn! Dem Eigentümer der Estancia La Aurora indes wurde das Ganze irgendwann zu viel. Er sperrte sein Landgut ab. Auf einem verrosteten Papierkorb bei der Grotte von Padre Pio können Sie den mittlerweile ziemlich verblichenen Hinweis entdecken: „Wegen der UFO-Problematik wenden Sie sich bitte an die NASA."

Hotel El Entorno	**Hotel Concordia**
45624970	99615975
elentorno.recepcion@hotmail.com	www.granhotelconcordia.com.uy
Bungalows Sol y Luna	**La Posta del Daymán**
45623872	47369801
99562634	47369618
meregildaf@hotmail.com	www.lapostadeldayman.com

Nuestra Señora del Carmen
in Salto

9. Schlaglicht
Im Landesinneren

1000 Kilometer Niederrhein mit besserem Wetter: eine Fahrt ins Landesinnere

Eine **Fahrt ins Landesinnere** lässt einen schon bald die Weite und Ruhe Uruguays erspüren. Besonders schön ist der Weg über die *Ruta 5* nach Tacuarembó. Flaches, hier und da leicht hügeliges Ackerland, friedlich vor sich hin grasende Kühe, stolze Pferde mit glänzendem Fell, in die Landschaft gestreute Tränken, an denen das Vieh seinen Durst stillt. Hier ist die Pampa noch Pampa, oder auch Pradera, wie sie in Uruguay zumeist genannt wird. Bisweilen wird das platte Land von langen Baumreihen durchzogen. Man könnte fast sagen: 1000 Kilometer Niederrhein mit besserem Wetter und Eukalypten statt Pappeln. Hier und da gibt es noch ein paar Oldtimer, die neben einem der kleinen Bauernhäuser stehen und vielleicht

Wo Kühe noch glücklich sind: die Pampa

sogar noch ihr Gnadenbenzin kriegen. Das Land der Gauchos ist ein ruhiges Land. Die Fahrt im Auto oder auch im Bus ist eine gemächliche Reise über gepflegte Asphaltbänder, auf denen es fast immer geradeaus geht. Kurven gibt es so gut wie keine; warum auch – in einer fast ebenen Landschaft ist die Gerade halt die beste Verbindung von A nach B. Je weiter Sie nach Norden kommen, desto weiter wird der Horizont. Immer weniger Menschen lassen sich sehen, und auch die Bäume machen sich mehr und mehr rar. Dafür latschen hier und da ein paar Ñandus, jene uruguayische Variante der Straußenvögel, durch das schier unendliche Weideland. Es ist schon seltsam, dass es Vögel gibt, die nicht fliegen können; doch ich denke mir, dass die Evolution sich etwas dabei gedacht hat; die schwerleibigen, ungelenken Tiere würden garantiert dauernd abstürzen. Kurz vor Tacuarembó kommen wir ins Land der Tafelberge. Sie sehen aus, als hätten Außerirdische ihnen mit einer gigantischen Landschaftsschere die oberen drei Viertel abgeschnitten, um Landebahnen über der Pampa zu schaffen. Erich von Däniken hätte seine helle Freude an diesen seltsamen Erhebungen.

Bunte Graffitis und originelle Fresken: bemalte Dorffassade in San Gregorio de Polanco

Highlights:

Der kleine Ort **San Gregorio de Polanco** liegt etwa 140 Kilometer südöstlich von der Provinzstadt Tacuarambó (knapp 85 Kilometer auf der *Ruta 5* in Richtung Montevideo, dann links ab die *Ruta 43*) auf einer Landzunge am Río Negro. Fast unvorstellbar breit mäandert der Fluss in die flache Landschaft; sein kristallklares Wasser streichelt die goldgelben, samtigen Strände. Der Río Negro Fluss ist weit wie das Meer, nur viel besser; denn sein Wasser ist kein bisschen salzig. Entstanden ist die tolle Badelandschaft durch einen Staudamm in der Nähe der mehr als fünfzig Kilometer entfernten Stadt Paso de los Toros. Wer außerhalb der Saison kommt, hat die herrlichen Strände fast für sich alleine; Entspannung und Romantik pur!

San Gregorio de Polanco hat Pep und deutlich mehr Charme als andere Pampa-Städtchen, die zumeist ziemlich öde vor sich hin dösen. Denn Anfang der 1990er Jahre hatte jemand eine coole Idee. Man engagierte farbenfrohe Künstler, die dem Grauschleier und dem Pampamuff Paroli boten. Sie bemalten die tristen Dorffassaden mit Bildern, bunten Graffitis und originellen Fresken. Es macht richtig Laune, durch den Ort zu streifen und diese fröhliche Kunst zu entdecken!

Tipps:

Die unter deutscher Leitung stehende **Posada Buena Vista** auf der *Calle del Ceibo* ist das einzige Hotel in San Gregorio de Polanco, das Zimmer mit dem unvergleichlich schönen Blick auf den Río Negro anbietet. Etwas hinter dem Strand, aber völlig ohne Panorama, liegt das realsozialistisch inspirierte **Hotel Los Médanos**. Direkt im Ortskern sind mir die Hotelpensionen **La Casona** auf der *Calle José Varela 161* und **San Gregorio** auf der *Calle Artigas 177* aufgefallen, beide einfach, ordentlich und in historischen Gebäuden untergebracht. Die Zimmerpreise liegen überall bei etwa 25 Euro.

Strandidylle und Einsamkeit, Ruhe und Schönheit der Natur, das ist die kleine Wanderung von der Posada Buena Vista nach rechts immer am Strand des Río Negro entlang. Nach zwei Stunden sind Sie einmal um die Landzunge herum und wieder an ihrem Ausgangspunkt zurück. Dabei kann es gut sein, dass Ihnen keine Menschenseele begegnet ist. Bei diesem einmalig schönen Spaziergang wurde mir bewusst, wie überlaufen und laut doch die meisten Feriengebiete im Süden Europas sind.

Von San Gregorio de Polanco aus kann man so richtig in die **Heimat der Gauchos** eintauchen, das Leben zwischen Viehwirtschaft und Marlboro-Freiheit erspüren. Der Besitzer vom Hostel San Gregorio organisiert solche Touren, entweder stilsicher mit einem 60 Jahre alten Jeep oder etwas gemütlicher mit einem zeitgenössischen Geländewagen. Wahlweise können Sie ein altes Landgut (Estancia) und eine ebenso betagte Pulpería (Tante-Emma-Laden der Gauchos) besuchen. Oder Sie lassen sich zum Cerro Portón entführen, einem besonders schönen Exemplar der für die Gegend typischen Tafelberge; eine „hinterm Horizont geht's weiter-Aussicht" ist bei klarem Wetter inbegriffen. Besonders toll ist die

Tour am späten Nachmittag, wenn die Sonne glutrot hinter den Rücken von Pferden untergeht, die wie lebendige Scherenschnitte auf den Hügeln stehen.

Valle Edén, das Tal Eden, hat wirklich etwas von der Lieblichkeit des biblischen Gartens. Das Örtchen ist in eine friedliche Hügellandschaft mit malerischen Flüssen, kleinen Wasserfällen und schönen Aussichtspunkten gebettet. Es liegt an der *Ruta 26*, knapp 30 Kilometer westlich von der Provinzhauptstadt Tacuarembó. Schon bei der Anfahrt zeigt sich rechts von der Straße etwas ganz Besonderes: der **Cerro Cementerio**, ein bis vor kurzem noch als Friedhof genutzter Tafelberg mit Grabhöhlen und einem Kreuz oben drauf. Da der magische Ort eingezäunt ist, empfiehlt es sich von Tacuarembó kommend den Feldweg rechts vor dem Berg zu nehmen, sich dann gleich wieder nach links zu wenden und bei dem kleinen Bauernhof direkt vor dem Hügel um Einlass zu bitten. Der Blick von oben über das weite Hügelland ist Spitze.

Der winzige Weiler von Valle Edén kann gleich mit einer ganzen Reihe von Sehenswürdigkeiten aufwarten: Eine höchst fotogene Hängebrücke aus dem Jahre 1928, die man unbedingt ausprobieren muss – das gute Stück schaukelt beim Betreten geschmeidig wie ein altes Trampolin. Dabei macht die Brücke auch heutzutage durch-

aus noch Sinn; wenn der Fluss etwas höheres Wasser hat, ist es unmöglich, über die mit Beton gegossene Furt auf die andere Seite zu gelangen. Der seit 1987 stillgelegte **Bahnhof** ist hübsch hergerichtet und gibt den sterblichen Überresten von zwei in

Österreich gebauten Schnellzügen aus den 1950er Jahren Museums-Asyl. Einstmals jagten die futuristisch anmutenden Triebwagen von Montevideo zum Valle Edén und zurück; heute starren sie aus leeren Scheinwerferhöhlen in die Landschaft wie Urmel aus dem Eis. Last but not least das patriotische **Museum Carlos Gardel**. Die Biografie des berühmten Tangosängers, vor allem sein Geburtsort, blieben stets geheimnisumwittert. Hier nun erklingt seine samtige Stimme effektvoll im Hintergrund, und die anschaulichen Exponate erzählen die uruguayische Version der wahren Lebensgeschichte Gardels. Es könnte tatsächlich stimmen, dass er in der Nähe von Tacuarembó geboren ist (vgl. 6. Schlaglicht).

Speis, Trank und Bett, ja sogar Mietfahrräder gibt es in der **Posada Valle Edén**. Vor ein paar Jahren haben die Eigentümer einen alten Tante-Emma-Laden der Gauchos liebevoll zu einem rustikalen Gastraum umgebaut. Die Hotelzimmer befinden sich in modernen Gebäuden in der Nähe, einfachste Zimmer mit Gemeinschaftsbad für ca. 15 Euro pro Person, Apartments für ca. 50 Euro.

An der *Ruta 14* etwa 45 Kilometer nordwestlich der Stadt Trinidad findet sich eine ganz und gar außergewöhnliche Felsformation, die **Gruta del Palacio**. Elefantenfußdicke Säulen bilden ein Höhlenlabyrinth, das wie der Eingang zu einem urzeitlichen Palast in den Fels hineinführt. In der Tat hat die Natur Millionen von Jahren gebraucht, um aus verschieden festen Gesteinen qua Erosion diese einzigartige Höhle zu schaffen. Anlass und Zeit genug für die Bildung von Legenden über indigene Könige, die hier wohnten und ihre Schätze versteckt haben sollen. Erwiesen ist aber lediglich, dass vor

langer, langer Zeit in dieser Gegend einmal Dinosaurier herumgelaufen sind und der Nachwelt ihre Knochen hinterlassen haben. Heutzutage gibt es ein großes Besucherzentrum und für alle, die kein Auto haben, jeden Tag um 7.00 Uhr einen Bus der Gesellschaft Central von Montevideo über Trinidad (8.45 Uhr); Rückfahrt 16.40 Uhr.

Wer fährt schon nach **Lavalleja**, eine auf den ersten Blick ziemlich austauschbare Provinz im Landesinneren? Gibt es doch nur ein paar Dutzend Kilometer weiter südlich die fantastischen Strandbäder von Punta del Este oder Piriápolis. Dabei würde sich ein Abstecher in die **Umgebung von Minas** durchaus lohnen; Sie fahren durch ein liebliches Hügelland, mal etwas ganz anderes als die immer leicht melancholische Pampa, so richtig was fürs Auge und unsere von deutschen Mittelgebirgen verwöhnte Seele.

Sehenswürdigkeiten gibt es in Lavalleja eine ganze Reihe: Beim Cerro Arequita, etwas mehr als 10 Kilometer nördlich von Minas, steht der **Monte de Ombúes**. Es ist die nach den Wäldern bei der Laguna de Castillos in der Provinz Rocha zweitgrößte Ansammlung dieses etwas geheimnisvollen Baumes. Nicht von Pappe ist auch der **Salto Penitente**, der „Wasserfall des Büßers", eine mehrstufige, 60 Meter hohe Kaskade, die wildromantisch in ein natürliches Becken rauscht. Und damit es auch den außerirdischen Besuchern hier gefällt, hat man im Jahre 2004 ein Aussichtslokal an den Fels geklebt, das wie eine offene Schublade über dem Abgrund schwebt (Abfahrt nach rechts von der *Ruta 8* in Richtung Treinta y Tres kurz hinter Minas – es gibt zwei Zufahrten, eine bei Kilometer 125 und eine bei Kilometer 134). Jedes Jahr besuchen bis zu Hunderttausend Pilger die **Virgen de la Inmaculada Concepción** auf dem Cerro Verdún bei Minas. Sie trösten die arme Jungfrau darüber hinweg, dass sie ihren Hügel und die schöne Aussicht mit einem Haufen hässlicher Antennen teilen muss. Die Wallfahrt findet seit 1902 immer am 19. April statt und gehört zu den bedeutendsten religiösen Festen des Landes.

In **Minas** selbst gibt es am zentralen Platz eine schicke Kathedrale (der unbefleckten Empfängnis) mit einer Kuppel und zwei
schlanken Türmen, ein Reiterdenkmal mit dem Freiheitskämpfer
Lavalleja und **drei Hotels**, allesamt vom Schlage Handelsvertreter-
Haus: das Hotel Verdún (flauschige Teppichböden, Doppelzimmer
ca. 60 Euro), das Hotel Plaza (ein duftes Balkonzimmer unter vielen
mäßigen, ca. 50 Euro für 2 Personen) und einen halben Block von
der Plaza entfernt das Hotel Minas (mehr für Staubsaugervertreter).
Einfach, aber gut gegessen habe ich in dem netten Lokal **Nuevo
Petit Paris** auf der *Calle 25 de Mayo 551*, nur ein paar Schritte vom
zentralen Platz. Der urige Laden hat tatsächlich ein bisschen Paris-
Ambiente, ja sogar noch so ein französisches Steh-Klo aus der guten
alten Zeit.

Geheimtipps:

Das **Museo Memoria del Pago** in Tacuarembó ist mehr als ein
gewöhnliches Dorfmuseum. Hier ist so sachkundig und liebevoll
zusammengestellt worden, dass man richtiggehend in die Vergangenheit und die Geschichte des Städtchens entführt wird. Da stehen
betagte Häuschen und Hütten, eine Pampakapelle und eine Dorf-
schule, ein altes Büro mit klapperigen Schreib- und Rechenmaschi-
nen und ein Tante-Emma-Laden der Gauchos, Pulpería wie es hier
heißt. Dazu historische Bilder, Fotos und Dokumente. Tangoidol
Carlos Gardel ist natürlich auch mit von der Partie.

Für alle, die mit den meisten Uruguayern glauben, dass Gardel
in Tacuarembó geboren wurde (vgl. 6. Schlaglicht), lohnt sich ein
Besuch am **Grab** seines Vaters **Carlos Escayola** auf dem Friedhof
der Stadt. Es ist ein wahres Pantheon mit den Büsten seiner drei
Ehefrauen, nicht weit vom Eingang rechts. Auch sonst ist der Friedhof nicht schlecht, mit einer Reihe von aufwendig gestalteten Fami-
liengräbern, den für Lateinamerika typischen Schließfächern für die
Toten und einem Heer von bunten Plastikblumen. Der Gottesacker
liegt am südlichen Ortsausgang an der *Calle 18 de Julio*.

Zurück zu den Lebenden: Wenn Sie in San Gregorio de Polanco sind und sich von dem Traumstrand trennen können, dann fragen Sie nach Herrn Bernardo Reuter. Er hat einen kleinen Privatzoo, der im Wesentlichen aus einem **Ñandu** besteht – eine gute Gelegenheit, so einen ungelenken Straußenvogel mal von Nahem zu betrachten.

Nicht weit von Minas in der Provinz Lavalleja schuf der uruguayische Ausnahmearchitekt Julio Vilamajó im Jahre 1946 den bizarren Urlaubsort **Villa Serrana**, ein Ferienparadies, das niemals wirklich funktioniert hat. Man pflanzte 100.000 Bäume, legte einen

Besuch am Grab von Carlos Escayola

künstlichen See an und stellte 150 zum Teil sehr originelle Ferienhäuser in die Landschaft, unter ihnen den **Ventorrillo de la Buena Vista**. Das Teil schwebt wie ein Adlerhorst über dem Abgrund. Es ist auch so ähnlich gebaut, wie ein Adler es gemacht hätte, nämlich ohne Wasserwaage und aus Materialien, die die Natur bereithält, hauptsächlich aus Steinen und Stroh. Auch das eigenwillig konstruierte **Mesón de las Cañas** besteht im Wesentlichen aus Hölzern der Umgebung. Die außergewöhnlichen Gebäude sind seit 1979 nationales Kulturerbe, was sie aber lange Zeit nicht vor dem Zahn der Zeit geschützt hat. Der konnte fröhlich nagen, denn außer ihm kümmerte sich niemand um die leer stehenden Baudenkmäler der etwas anderen Art. Erst zehn Jahre nach der Jahrtausendwende fanden sich Investoren mit Blick für das Besondere. Der Ventorrillo (Doppelzimmer ca. 80 Euro) und das Mesón wurden restauriert und erleben gerade ihren zweiten Frühling als neu eröffnete Hotels. Die Abfahrt zur Villa Serrana befindet sich ebenfalls auf der *Ruta 8*, etwa bei Kilometer 140.

Kuriositäten:

Bei Trinidad an der Kreuzung von *Ruta 3* und *Ruta 23* stehen seltsame Skulpturen am Straßenrand. Tiere ragen in den Himmel, platt gebügelt wie Scherenschnitte; es ist der Zoo der Zukunft. Der **Zoológico del Futuro** hat auch in seiner künstlerischen Aussage etwas mit platt machen zu tun. Die Werke sollen die Bedrohung der Tierwelt durch den Menschen symbolisieren.

Von Montevideo kommend steht etwa 30 Kilometer vor der Provinzhauptstadt Tacuarembó auf der linken Seite normalerweise ein Plakat, das so hoch wie ein Berliner Mietshaus ist. Der **„Gardelazo"** zeigt einen Mann mit einem Hut; es ist die Karikatur des angeblich hier geborenen Tangosängers Carlos Gardel. Leider kann man im Moment nur das dazugehörige Metallgestell sehen, weil die riesige Zeichnung restauriert wurde und danach ein noch nicht beendeter Rechtsstreit zwischen dem Grundstückseigentümer und dem Plakataufsteller entbrannte. Schade!

Ein Stück weiter, knapp 25 Kilometer vor Tacuarembó leistet die Natur einen coolen Beitrag zur Landschaftsgestaltung: den

Cerro Batoví, der Berg mit dem Nippel

Cerro Batoví, einen spitzen Hügel mit einem großen Nippel oben drauf. Die aufreizende Form des Hügels muss schon den Ureinwohnern aufgefallen sein; Batoví heißt nämlich in der Guaraní-Sprache Brust einer Frau. Mittlerweile ziert der Cerro Batoví das Wappen der Provinz; dies hat die Bevölkerung in einer Abstimmung so entschieden.

Posado Buena Vista
43694841
99233153

Hotel Los Médanos
43694013
losmedanos@granaventura.com
www.granaventura.com

Hotel La Casona
43694038
99822604

Hotel San Gregorio
43694292
99615560
hostelsangregorio@gmail.com
www.hostelsangregorio.com

Posada Valle Edén
46302345
98800100
posadavalleeden@gmail.com
www.posadavalleeden.com.uy

Hotel Verdún
44420910
94648657
hverdun@adinet.com.uy
www.hotelverdun.com

Hotel Plaza Minas
44422328
info@hotelplazaminas.com.uy
www.hotelplazaminas.com.uy

Ventorrillo de la Buena Vista
44402109
info@ventorrillodelabuenavista.com.uy
www.ventorrillodelabuenavista.com.uy

10. Schlaglicht
Bücher und Filme über Uruguay

Highlights:

Carolina de Robertis
Die unsichtbaren Stimmen, 2009

Ein Uruguay-Epos, magisch und realistisch, so wie es sonst nur
García Márquez oder Isabel Allende können. In einer wunderschönen, bilderreichen Sprache erzählt die Autorin die Geschichte von
drei außergewöhnlichen Frauen. Großmutter Pajarita fällt als Klein-
kind aus einem Baum und überlebt durch ein Wunder. Als junge Frau
heiratet sie einen Zauberer und kämpft sich ihr Leben lang mit quasi
magischer Energie durch eine viel zu oft unerträgliche Macho-Welt.

Ihre Tochter Eva ist im Herzen Künstlerin und gibt diesen Traum ein Leben lang nicht auf. Enkelin Salomé schließt sich den Untergrundkämpfern der Tupamaros an und überlebt viele Jahre lang in den schrecklichen Knästen der Militärdiktatur. Mal märchenhaft romantisch, fast schon kitschig, mal hart und fesselnd wie ein Thriller, mal mit menschlicher Tiefe wie die Latino-Variante der Buddenbrocks, mal realistisch wie eine Journalistenpreis-verdächtige Reportage. Ich habe das Buch nicht mehr aus der Hand gelegt und dabei quasi im Vorbeigehen noch eine Menge über Uruguay gelernt. Nach den 460 Seiten war ich richtiggehend traurig, dass die Geschichte schon zu Ende war.

Mario Benedetti
Die Gnadenfrist, 1960, 1989
Die wunderschöne und doch so tieftraurige Geschichte eines alternden Bürohengstes, der sich in eine junge Frau verliebt. Das Leben schenkt dem fast schon hoffnungslos frustrierten Martín Santomé eine Gnadenfrist voller Gefühle und Illusionen. Und das vor der – ohne die Liebe – ewig grauen Kulisse Montevideos. Ein toller Roman, geschrieben in einer stimmungsvollen, genial einfachen Sprache, wie nur Benedetti sie beherrschte.

Stefan Thimmel u.a.
Uruguay, ein Land in Bewegung, 2010
Buntes Panoptikum und kurzweiliges Lesebuch zugleich. Das Buch erzählt in bekömmlichen Appetithäppchen von der wechselvollen Geschichte und Politik Uruguays; und es erzählt schöne Geschichten von seinen Menschen und seiner Kultur. Man kann das Buch in einem Zug durchlesen oder auch einfach darin herumblättern und sich nach Lust und Laune ein Kapitelchen herauspicken. Irgendetwas Spannendes findet sich immer. Von Nationalheld Artigas über Tangostar Carlos Gardel und Erfolgsautor Mario Benedetti bis zu Pepe Mujica, dem Stadtguerilla und Staatspräsidenten in Personal

union, sind alle dabei. Auch Küche, Fußballfieber und Ausflüge zu Land, Leuten und den 12 Millionen uruguayischen Rindern fehlen nicht. Die einzelnen Texte sind gut recherchiert und gekonnt zu Papier gebracht. Kurzum, ein Sachbuch, das richtig Freude macht.

Tipps:

AHK, Cámara Uruguayo Alemana
Reiseführer Naturparadies Uruguay, 2009
Es lohnt sich, nach diesem von der Handelskammer herausgegebenen Büchlein zu suchen. Ein kondensierter Westentaschen-Reiseführer mit allen wichtigen Informationen und einer Vielzahl von Adressen und Links. Klasse!

Mario Delgado Aparaín
Die Ballade von Johnny Sosa, 1991
Die Geschichte von einem Sänger in einem kleinen Dorf, der sich in Zeiten der Militärdiktatur eine Zeitlang mit den Machthabern arrangiert. Doch schließlich siegt die Würde des einfachen Mannes. Literarisch, poetisch, doch irgendwie auch ein bisschen langweilig.

Mario Benedetti
Frühling im Schatten, 1982 (1986)
Die ergreifende Geschichte einer jungen Familie, die von der uruguayischen Militärdiktatur auseinandergerissen wird. Ein junger Vater wird als politischer Häftling ins Gefängnis geworfen. Seine Familie und Freunde fliehen ins Exil. Brutaler Knast und das unfreiwillige Leben in einem fremden Land lassen einiges zerbrechen, vielleicht auch die Liebe einer schönen Frau, die viel zu lange auf ihren Mann warten muss. Und dennoch: das Leben geht weiter – auch das ist Benedettis Botschaft. Der Frühling kommt wieder, doch er hat zerbrochene Ecken – so der spanische Origi-

naltitel des Buches. Ein einfühlsamer, realistischer und fesselnder Roman. Ein kleines Kapitel spielt übrigens in Köln-Holweide; es erzählt die wahre Geschichte einer Gemeinde, die sich jahrelang und schließlich mit Erfolg für einen politischen Gefangenen in Uruguay eingesetzt hat.

Tessa Bridal
Der Baum der roten Sterne, 1997, 2000

Mit dem Baum der roten Sterne ist ein großer Weihnachtssternbaum gemeint, in dem die Protagonistin als Kind gerne gesessen und die bürgerlich heile Welt beobachtet hat. Doch nach und nach wird es in Uruguays friedlicher Hauptstadt ungemütlich. Die Gesellschaft, selbst Familien zerreißen zwischen Regierung, Militärs und Untergrundkämpfern. Ein Roman, der mitfühlen lässt; ernst, aber nicht schwerfällig.

Peter Cameron
Die Stadt am Ende der Zeit, 2002, 2004

Eine mit der Leichtigkeit des Seins beschriebene Geschichte vom Sinn und so manchem Verwirrspiel des Lebens – und von der Liebe. Der lesenswerte Roman soll in Uruguay spielen, hat mit dem Land aber nicht sehr viel zu tun; die meisten Ortsnamen sind erfunden. Uruguay steht für einen einsamen Ort irgendwo auf dem platten Land, am Ende der Zeit halt.

Juan Carlos Castaldi u.a.
Melancholie der Vorstadt: Tango, 1982

Was Sie schon immer über den Tango wissen wollten, aber nirgendwo gefunden haben – in diesem Buch ist es. Eine tolle Anthologie aus Texten, Noten und Zeitungsausschnitten, alten Fotos und historischen Plakaten.

Carlos María Domínguez
Das Papierhaus, 2001, 2004

Eine Ode an das Buch, und wie das Buch die Menschen, vielleicht sogar die Welt verändern kann. Der Erzähler wandelt auf den Spuren eines fanatischen Büchersammlers, der sich irgendwann in die Einsamkeit der Dünenlandschaft von Rocha zurückgezogen hat, um sich dort ein Haus aus seinen Büchern zu bauen.

M. K. Fischer
Uruguay Life, 2009

Eine Art Gebrauchsanweisung des Landes mit vielen guten und einigen nur gut gemeinten Tipps zum Auswandern nach Uruguay. Dazu etwas Landeskunde durch die auslandsdeutsche Brille. Wenn das eher knapp gehaltene Büchlein nicht gar so teuer wäre, dann wäre es schon sein Geld wert.

Susana Gallinal de Bonner
Estancias, Arte y Paisaje de Uruguay, 1997

Ein sehr schöner Bildband mit den schönsten Estancias des Landes; mit ein bisschen Glück findet man das gute Stück in einem der Internet-Antiquariate zu einem vernünftigen Preis.

Curt Goetz
Das Haus in Montevideo, 1937

Aufgepasst: die berühmte Komödie hat überhaupt nichts mit Uruguay zu tun; das Haus in Montevideo könnte auch ganz woanders stehen.

Ernesto Kroch
Südamerikanisches Domino,
Geschichten von Liebe und Gewalt, 1987

Ernesto Kroch kann schreiben, kurzweilig, plastisch, bisweilen eindringlich. Knapp die Hälfte der Geschichten spielen in Uruguay; sie sind wie Dominosteine aus Hoffnungen, die umzufallen drohen.

Ernesto Kroch
Heimat im Exil – Exil in der Heimat, 2004
Wenn einer Anlass hat, eine Autobiografie zu schreiben, dann ist es Ernesto Kroch. Sein Leben könnte aus einem Roman stammen. Die Nazis steckten ihn ins KZ, weil er Jude und noch dazu Kommunist war. Kroch kam frei und floh nach Uruguay. 1982 musste er wieder für einige Jahre ins Exil, diesmal zurück nach Deutschland; denn Kroch war ein entschiedener Gegner der uruguayischen Militärdiktatur.

Lonely Planet
Uruguay, 2008
Wie die meisten Lonely Planets gut und informativ; streckenweise auch lustig geschrieben. Der Uruguay-Führer ist vergleichsweise kurz geraten, dafür enthält er ein sehr ausführliches Kapitel über die argentinische Hauptstadt Buenos Aires. Leider nur auf englisch erhältlich.

Juan Carlos Onetti
Leichensammler, 1964, 2001
Von der Handlung her ist der Roman ganz sexy. In einem (fiktiven) spießigen Städtchen irgendwo in Uruguay macht einer einen Puff auf. Das führt zu allerlei Verwicklungen und Grabenkämpfen. Sprache und Bilder der Geschichte sind indes etwas schwerfällig, die Gedankengänge literarisch verschwurbelt und nicht ganz so sexy wie das Thema des Buches. Insgesamt keine leichte Kost, doch man zählt es zur Weltliteratur.

Ricardo Piglia
Brennender Zaster, 1997, 2001
Die Geschichte von den glücklosen Bankräubern aus Buenos Aires, die nach Montevideo fliehen, ist authentisch. So hat es sich zugetragen; ein guter Stoff für einen spannenden Roman ist das allemal; erzählerisch und sprachlich allerdings eher mittelmäßig geraten. Das mag teilweise an der Übersetzung liegen.

Alex Schubert
Stadtguerilla, 1971
Ein „Rotbuch" für alle die, die genauer wissen möchten, wie die berühmte Stadtguerilla der Tupamaros getickt hat, und wie in den 1960ern und 1970ern die Revolution in der Luft war – nicht nur in Uruguay.

Juan Antonio Varese
De Naufragios y Leyendas de las Costas de Rocha, 1998
Der uruguayische Heimatautor hat sich jahrelang mit Schiffswracks beschäftigt, die auf dem Meeresgrund vor der Küste Uruguays ihre letzte Ruhe gefunden haben. Allein in der Gegend um das berüchtigte Cabo Polonio hat Varese 48 Havarien und die Legenden, die darum ranken, dokumentiert. Kein schlechter Einstieg für Wracktaucher und Schatzsucher. Leider ist dieses außergewöhnliche, nur auf spanisch erschienene Buch übers Internet kaum noch preisgünstig zu bekommen. Zur Not müssten Sie es in Antiquariaten oder auf dem sonntäglichen Megaflohmarkt auf der Tristan Narvaja in Montevideo einmal versuchen.

H. A. Wagner – W.P. Schüller
Uruguay entdecken, 2009
Ein ausführliches Reiselehrbuch, in dem Routen durchs Land beschrieben werden, bei denen fast alles aneinander gereiht ist, was man sich in Uruguay anschauen kann – einschließlich der Dinge, die

nicht so interessant sind. Das 350 Seiten starke Uruguay-Opus bietet außerdem Landeskunde, Geschichte, Politik und Reiseinformationen, aber keine Restaurant-Tipps; Hotels werden genannt, aber nicht beschrieben.

Kuriositäten:

Karl May
Am Río de la Plata, 1894

Eine ziemlich gute Landeskunde, geschrieben von einem, der niemals da war. Immer wieder faszinierend, wie es dem Altmeister des fiktiven Realismus gelungen ist, schon Ende des 19. Jahrhunderts an all die Informationen zu kommen und sie so plastisch in einer Abenteuergeschichte zu verwursten. Der Mann toppt das Internet! An Selbstbewusstsein mangelt es ihm dabei nicht. Sein Ich-Erzähler wird ständig mit einem späteren Präsidenten Uruguays verwechselt. Dabei erinnert die Figur verdammt an den guten Old Shatterhand; Karl-May-Fans kommen also auch am Río de la Plata auf ihre Kosten.

Carlos Rehermann
El Robo del cero Wharton, 1994

Es geht in dem Buch um einen cleveren Kunstraub aus dem Museo Blanes in Montevideo. Carlos Rehermann hatte das Manuskript des Krimis bereits seinem Verleger übergeben. Während dieser noch über dem Text brütete, holte die Wirklichkeit die Fiktion ein. Das in dem Buch beschriebene Ganovenstück geschah tatsächlich. Aus dem Museo Blanes wurde genau dasselbe Bild mit einem ganz ähnlichen Trick entwendet. Der Verleger kriegte einen Schreck und übergab das Manuskript der Polizei. Carlos Rehermann geriet unter Tatverdacht. Hatte er etwa seinen eigenen Roman in die Tat umgesetzt? Am Ende der Ermittlungen stellte sich heraus, dass alles nur ein Zufall war – oder die Intuition eines genialen Krimiautors. Leider ist das nur auf Spanisch erschienene Buch zurzeit vergriffen.

Filme:

El Baño del Papa – Das große Geschäft
Enrique Fernandez, Cesar Charlone, 2007

Wir schreiben das Jahr 1988; der Papst kommt nach Melo, ein verschlafenes Städtchen so ziemlich am Ende der Welt, da, wo Uruguay fast aufhört und Brasilien bald beginnt. In Melo ist es nicht so ganz einfach, seinen Lebensunterhalt zu bestreiten. Doch an dem großen Tag werden 50.000 Leute erwartet. Das ist die Chance. Das halbe Dorf will am Besuch des Heiligen Vaters verdienen, Würstchen, Gebäck oder Getränke verkaufen. Der Schmuggler Beto hat eine noch bessere Idee. Er will ein Toilettenhäuschen bauen und damit das große Geschäft machen. Leichter gesagt als getan, fast alles will schief gehen. Sein kreativer Traum am Rande der Globalisierung droht zu platzen. Der Film ist drollig und tieftraurig zugleich. Und einen wahren Kern hat die pfiffige Komödie auch – der Papst war 1988 tatsächlich in Melo.

Gigante,
eine ungewöhnliche Liebeskomödie aus Montevideo
Adrián Biniez, 2009

Die schräge Liebesgeschichte von einem (berufsmäßigen) Spanner. Er hockt hinter der Überwachungskamera eines Supermarkts und verknallt sich dabei in eine der Putzfrauen. Schließlich stellt er ihr nach, traut sich aber nicht, die mit den Augen Angebetete anzusprechen. Ich fand den Streifen etwas langatmig; doch auf der Berlinale hat es für den Silbernen Bären gereicht.

La Rosales
David Lipzyc, 2007

Ein gut in Szene gesetzter Historien-Schinken, der auf traurigen Tatsachen beruht. Man schreibt das Jahr 1892. Zweihundert Seemeilen vor Cabo Polonio gerät das argentinische Kriegsschiff Rosales in einen Sturm und geht mit Maus und den Männern unter. Nur Kapitän Funes und seine Führungsoffiziere retten sich auf ein Beiboot. Ein schrecklicher Verdacht kommt auf. Haben sie ihre Mannschaft in den Tod geschickt? Das Marinegericht verstrickt sich zwischen Wahrheitsfindung, Seemannsehre und Intrigen. In dubio pro reo? Den Film gibt es leider nur auf Spanisch.

La Tregua
Alfonso Rojas Priego, 2002

Liebesfilm nach dem gleichnamigen Roman von Mario Benedetti. Schade, dass er nicht in Montevideo, sondern in einer x-beliebigen, modernen Hafenstadt spielt. Denn die tieftraurig schöne Romanze zwischen dem alternden Angestellten und der blutjungen, sinnlichen Laura passt atmosphärisch in das ewig graue Montevideo wie der Deckel auf den Topf. Auch La Tregua ist nicht auf Deutsch synchronisiert worden.

Tupamaros
Heike Specogna, Rainer Hoffmann, 1998

Eine hintergründige und flott inszenierte Doku über die legendäre Freiheitsbewegung der Tupamaros. Pepe Mujca, der heutige Präsident Uruguays und andere Tupamaros erzählen ihre Geschichte. Der Film ist bei youtube im Netz.

Der unsichtbare Aufstand
Constantin Costa-Gavras, 1972

Politthriller mit realem Hintergrund. Die Stadtguerilla der Tuparamos entführt einen als Entwicklungshelfer getarnten CIA-Agenten, der den uruguayischen Sicherheitskräften Foltermethoden beigebracht hatte, und tötet ihn schließlich. Der Agent, der im wirklichen Leben Dan Mitrione hieß, wird von Yves Montand gespielt.

Und das ist mein Favorit unter den Uruguay-Filmen:

Whisky, eine uruguayische Liebesgeschichte
Juan Pablo Rebella, Pablo Stoll, 2004

In Don Jacobos Sockenfabrik grüßt jeden Tag ein trauriges Murmeltier. Der Inhaber wirft die ächzenden Maschinen an und versucht die kaputte Jalousie zu reparieren – jeden Tag aufs Neue und jeden Tag ohne Erfolg. Derweil bereitet seine Angestellte ihm den Tee – genauso, wie sie es gestern getan hat, und vorgestern und vorvorgestern … Wenn der Feierabend gekommen ist, werden die Taschen der Mitarbeiterinnen kontrolliert. Dann sagen die Angestellten bedrückt: „bis Morgen" und erhalten zur Antwort: „so Gott will". Das und nur das passiert an jedem Tag, den der Herr erschaffen hat. Bloß keine Veränderungen in der grauen Welt der Sockenfabrik! Genüsslich und schreiend komisch setzen die beiden Regisseure die triste Tretmühle in Szene. Eines Tages kommt Don Jacobos Bruder zu Besuch. Das bringt Verwirrung und Gefühle in das Endlosband des alltäglichen Trübsinns. Der ältliche Firmenchef will nämlich nicht als ewiger Junggeselle dastehen und bittet seine auch nicht mehr ganz frische Angestellte, für ein paar Tage seine Frau zu spielen. Mehr verrate ich nicht über diesen herrlichen Streifen. Den beiden Regisseuren ist es perfekt gelungen, Montevideos einmalige Melancholie satirisch und doch mitfühlend auf Zelluloid zu bannen.

11. Schlaglicht
Essen und Trinken

Typisch für die uruguayische Küche: die Parrillada

Highlights:

Nichts ist typischer für die uruguayische Küche als die **Parrillada**, auch **Asado** genannt. Auf riesigen Grillrosten lodern die Flammen, wahre Berge von Fleisch, saftige Steaks, herzhafte Würste und alle möglichen Innereien warten darauf, nacheinander verspeist zu werden. In den uruguayischen Familien kann so ein Asado locker drei Stunden dauern. Für Vegetarier mag das ein Graus sein; in Uruguay ist eine Parrillada ein Fest. Es erübrigt sich eigentlich zu sagen, dass das uruguayische Fleisch absolute Spitzenklasse ist. Auch in vielen Lokalen findet man die Parrillas, sehenswerte Megagrills, auf den die Leckereien brutzeln – und natürlich auch bestellt werden können, einzeln oder eben auch als ganze Parrillada mit allem, was dazu gehört.

Tipps:

Eine Alternative zum Asado für den nicht ganz so großen Hunger ist eine **Brocheta**, die uruguayische Variante vom Schaschlik, ein leckerer Spieß meist mit verschiedenen Sorten Fleisch, Tomaten und Gemüsestücken, natürlich auch vom Breitbandgrill.

Chimichurri ist die südamerikanische Variante des italienischen Pesto, in dickem Öl schwimmende Kräuter. Bei einem Asado darf Chimichurri einfach nicht fehlen; es ist aber auch köstlich zu allen anderen Fleischspeisen.

Chinchulines nennt man Dünndarmstücke, die zu einer Parrillada immer dazu gehören.

Ein schlichter Klassiker der uruguayischen Küche: **Churrasco**, die Franzosen würden es Steak Frites nennen. Je nach Qualität des Restaurants ist es ein Entrecote, ein Rumpsteak oder eine Schuhsohle, aber eigentlich immer sehr schmackhaft – das Fleisch in Uruguay ist einfach gut. Dazu gibt es Pommes Frites, Salat und unbedingt Chimichurri.

Confiterías nennt man die traditionellen Mischungen aus Caféhaus und Bistro; einige von ihnen haben heimeligem Charme, schlichte Orte, bei denen man sich gut vorstellen kann, dass hier erfolglose Schriftsteller über ihren Manuskripten brüten.

Süße Allzweckwaffe und hoch wirksame Kalorienbombe, das ist die allseits verehrte **Dulce de Leche**, eine karamellisierte Masse aus Milch und Zucker für Nachspeisen, Kuchen, Gebäck und was sonst noch süßer als süß sein soll.

Empanadas heißen die würzigen Teigtaschen, die mit allen möglichen leckeren Sachen wie Käse, Hackfleisch oder auch Gemüse gefüllt sind.

Fastfood ist sehr verbreitet und beliebt in Uruguay. Auch die Weltfirma McDonalds hat in den größeren Städten gut Fuß gefasst.

Viel herzhafter sind indes die an den fast allgegenwärtigen Imbiss-
ständen erhältlichen Uruguay-Versionen von Hamburger, Bratwurst
& Co. Sie haben hierzulande nur ganz andere Namen: Unser Hotdog
heißt **Pancho**. Was für uns die Currywurst ist, das ist für die Uru-
guayer/innen der **Chivito**, ein Pappbrötchen mit einem dünnem
Steak, Salatblatt, Tomate, Zwiebeln, etwas Paprika, manchmal auch
Oliven und weiteren Zutaten. Gewürzt wird der Chivito mit Senf,
Ketchup, Mayo oder allen drei Geschmacksverstärkern zusammen.
In einfachen Restaurants wird Chivito al Plato angeboten, dasselbe
Gericht, nur ohne Pappbrötchen – manchmal kann weniger mehr
sein. Die Bratwurst heißt **Chorizo**; meist ist es eine sehr gut gewürz-
te, grobe Rinderwurst. Mit dem klassischen Pappbrötchen heißt das
ganze dann **Choripan**. Beinahe schon im Bereich der richtigen
Küche bewegt sich die **Milanesa**, ein großes, lappiges, paniertes
(Wiener) Schnitzel.

Zum Nachtisch macht man mit **Flan** nie einen Fehler; in Frankreich hieße der leckere Pudding Crème Caramel.

Süß und mit seinen knapp 25 Umdrehungen nicht ganz ohne:
Grappamiel ist ein landestypischer, mit Honig versetzter Trester.

Die große Leidenschaft fast aller Uruguayer/innen, das ist der
Mate, ein belebender Tee von Blättern des Mate-Strauchs. Er
schmeckt ein bisschen nach Nikotin und wird mit einem oft schön
verzierten Trinkhalm, der Bombilla, aus einer Kalebasse getrunken.
Die Leute nuckeln so gerne und so oft an der Bombilla wie ein
Kettenraucher an der Zigarette. Nun hat der Mate den Nachteil, dass
immer wieder aufgegossen werden muss. Das stört die Leute aber
gar nicht, und so sieht man allenthalben Matetrinker/innen mit der
Kalebasse in der Hand und einer Thermosflasche unterm Arm durch
die Straßen ziehen.

Ein richtiges deutsches Frühstück wird man in Uruguay kaum
finden. Eine gute Ausweichlösung sind die leckeren **Media Lunas**,
eine Art Croissants, die es bisweilen auch mit Käse oder Schinken
gefüllt gibt.

Mollejas sind Bries, also die Thymusdrüse vom toten Rind, eine Spezialität, die bei einer zünftigen Parrillada nicht fehlen darf.

Morcilla heißt die Blutwurst; es gibt die herzhafte Morcilla salada und die süße Morcilla dulce, die mit Rosinen, Nüssen oder Apfelsinenstückchen verfeinert ist.

Wenn Ihnen das viele Fleisch und die Innereien einer Parrillada zu viel sind, dann lockern Sie das Ganze doch mit **Morrón** auf, einer roten, milden Paprika, die ebenfalls auf dem Grill gebraten wird.

Bisweilen findet man sogar den **Ñandu** auf der Speisekarte, zum Beispiel als Carpaccio. Der Straußenvogel steht zwar unter Naturschutz, doch wenn er aus einer Zuchtfarm kommt, dann darf man ihn auch essen.

Der Einfluss der vielen italienischen Einwanderer auf die uruguayische Küche ist allgegenwärtig. **Pizza** und **Pasta** gibt es fast überall. Doch Vorsicht mit der Pizza; sie wird meist so zubereitet, wie die US-Amerikaner es gerne mögen: dick wie ein Butterbrot. Mit der klassischen Tomatensoße zur Pasta, genannt Tuco, klappt es besser; sie ist fast immer ziemlich lecker.

Der **Puchero** ist Uruguays typischer Eintopf aus Kartoffeln, Möhren, Zwiebeln, anderem Gemüse, manchmal mit Wurst und natürlich immer mit Fleisch – wir sind schließlich am Río de la Plata. Lecker!

Zum Reigen der Innereien gehören auch Nierchen, die in Uruguay **Riñones** heißen.

Der uruguayische **Wein** mag vielleicht nicht die Tradition und die Klasse der edlen Tropfen aus Argentinien oder Chile haben. Das sollte niemand davon abhalten, mal ein Gläschen oder auch eine Flasche davon zu probieren. Im Tischweinbereich kann Uruguay locker mithalten. Etwas Besonderes ist die kräftige Rebsorte Tannat, die in Uruguay besonders gut gedeiht, vor allem in der Provinz Canelones, aus der die meisten Weine des Landes kommen.

Kuriositäten:

Nichts für Weight Watchers: **Restaurantes „Tenedor Libre"**; in den Freigabel-Speisesälen kann man für überschaubares Geld von riesigen Buffets und einem Mammutgrill soviel essen wie reingeht. Gerne finden sich dort Fressgemeinschaften und vollschlanke Großfamilien mit einem Durchschnittsgewicht von lockeren 100 Kilo ein.

Am 29. eines jeden Monats isst man in Uruguay **Ñoquis**. Es sind die selben kleinen Kartoffelklöße, die man in Italien Gnochis nennt. Die seltsame Sitte kommt wohl daher, dass sich der ärmere Teil der Bevölkerung in der alten Zeit gegen Ende des Monats nur noch Gerichte leisten konnte, die nicht viel kosteten.

Eins der gängigen uruguayischen Biere wird unter dem schönen deutschen Namen **Zillertal** verkauft.

12. Schlaglicht
Hinweise und Nebenwirkungen

Wenn Sie Ihren Pass verloren haben oder sonst ein konsularischer Schuh drückt, hilft die **Deutsche Botschaft** in Montevideo, *La Cumparsita, 1435 Plaza Alemania,* oberhalb der Rambla República Argentina, Tel.: 29025222. Hilfreich sind auch die von der Botschaft erarbeiteten Reisehinweise, abzurufen unter: www.auswaertiges-amt.de

Die uruguayischen **Busse** kann man nur empfehlen. Sie sind recht komfortabel, fahren in aller Regel pünktlich ab und erreichen fahrplanmäßig ihr Ziel. Alle größeren Städte haben gut organisierte Busbahnhöfe, die meist etwas außerhalb des Zentrums liegen.

Es gibt relativ **wenig Diebstähle und Überfälle**, etwa so viele wie in europäischen Ländern. Die kleineren Städte und Dörfer sind im südamerikanischen Kontext wahre Inseln des Friedens. In Montevideo und in den größeren Touristenorten sollte man ein bisschen aufpassen, so wie bei uns eben auch. Nächtliche Streifzüge durch die Altstadt Montevideos sind nicht zu empfehlen.

Ja heißt „si" auf spanisch. Das wissen sogar Leute, die gar kein Spanisch können. Doch ausgerechnet dies macht man in Uruguay anders; hier sagt man zur Bejahung „ta". Doch keine Sorge jetzt: „si" wird auch verstanden.

Uruguay ist ein wahrhaft gutes Land für **Einwanderer**. Die Lebenshaltung ist um etwa ein Drittel günstiger als in Deutschland. Wenn es einem mal nicht so gut geht, ist das auch nicht so schlimm. Denn es gibt mehr Ärzte und Ärztinnen pro Einwohner als in Deutschland, und die Kosten der Heilfürsorge sind moderat. Ein geregeltes Einkommen von 500 US$ reicht aus, um eine Aufenthaltsgenehmigung zu bekommen. Ob man tatsächlich mit so wenig Geld auskommt, ist natürlich eine andere Sache. Der heimatverbundenen Seele tut gut, dass Uruguay sehr europäisch geprägt ist. Ganze Landstriche sehen aus wie der Niederrhein mit Gauchos, andere wie die Nordseeküste mit Palmen und besserem Wetter. Man kann sich glatt wie zu Hause fühlen. So wundert es auch nicht, dass Uruguay bei Rentnerinnen und Rentnern aus Europa, aber auch aus den USA sehr beliebt ist.

Zum Thema **Geld**: In Uruguay zahlt man mit Pesos; für einen Euro gibt es etwa 27 Pesos. Geldautomaten sind weit verbreitet. EC-Karten, vor allem die neueren mit dem Chip, werden von ihnen allerdings kaum akzeptiert. Besser geht es mit Mastercard oder Visa; die einzelne Abhebung ist auf 5.000 Pesos (etwa 185 Euro) limitiert. Allerdings kann man je nach Automat mehrfach hintereinander bis zu einem Gesamtbetrag von 20.000 Pesos ziehen. Dadurch fallen natürlich auch die Gebühren mehrfach an. Eine gute Lösung ist die Visa-Karte der DKB; mit ihr können Sie weltweit kostenfrei Geld ziehen.

Es gibt eine Reihe von brauchbaren **Internetportalen**, bei denen man sich gut über Uruguay informieren kann:

www.uruguay-magazin.com

www.uruguayinfo.com

www.travelshop.de

www.suedamerika-line.de

www.welcomeuruguay.com auf Spanisch und Englisch

Impfungen sind für Uruguay nicht vorgeschrieben. Wer welche Impfungen bzw. Prophylaxen nehmen sollte, um sich objektiv und subjektiv optimal zu schützen, ist eine sehr individuelle Frage, die immer am besten der Hausarzt beantworten kann.

Die **Jahreszeiten** in Uruguay sind gegenüber unseren vertauscht. Wenn wir uns auf der nördlichen Seite über den Sommer freuen, hat der Winter den Río de la Plata in seinen kühlen Klauen, freilich nie so hart wie in Nordeuropa.

Das **Klima** ist vergleichsweise mild, und es gibt deutlich mehr Sonnenstunden als bei uns. Deshalb würde ich das Klima aber nicht gleich als mediterran bezeichnen. Denn selbst in den Sommermonaten gibt es bisweilen ziemlich raue Winde, die einem tief in die Knochen ziehen, manchmal sogar richtiggehend fiese, kalte Regengüsse. Handschuhe und Ohrenschützer brauchen Sie in Uruguay nicht, nur bitte den Pullover nicht vergessen. Hinweis für Schnatterfrösche: im Landesinnern ist es deutlich wärmer als an der Küste.

Die **Mietwagenpreise** in Uruguay sind gemäßigt. Preisvergleiche im Internet lohnen sich. Bei Sixt in Montevideo habe ich ein Schlaglochsuchgerät für eine ganze Woche für nicht mehr als 175 Euro bekommen; und da es auf den uruguayischen Straßen kaum Schlaglöcher gibt, dürfte so ein Kleinstgefährt für die meisten Reisen im Land völlig ausreichen.

Als lokales **Reisebüro** kann ich empfehlen: Viajes Cecilia Regules in der *Calle Bacalay 1334* (Ladenpassage) ganz in der Nähe der

Plaza Independencia in Montevideo, www.ceciliaregulesviajes.com, Tel: 29163012. Die rührige Inhaberin ist seit vielen Jahren im Geschäft und kennt wahrscheinlich jede einzelne Estancia, die bereit ist Touristen aufzunehmen.

Mit dem **Schiff** fährt man in drei Stunden von Montevideo nach Buenos Aires. Die Schnellfähren von Buquebus verkehren mehrfach täglich und kosten ca. 50 Euro die einfache Fahrt. Das Unternehmen bietet auch an, mit dem Bus (Abfahrt am Busbahnhof Tres Cruces) nach Colonia del Sacramento zu fahren und dort auf die Fähre umzusteigen. Bus und Schiff kosten zusammen nur etwa 30 Euro, doch mit der Kombi dauert es insgesamt viereinhalb Stunden von Montevideo nach Buenos Aires. Von Colonia del Sacramento bis Buenos Aires sind es mit der Schnellfähre nur eine Stunde und 15 Minuten; Kostenpunkt etwas mehr als 25 Euro.

In Uruguay beträgt die **Stromspannung** 220 Volt; in viele der Steckdosen passen sogar unsere Stecker.

Taxis in Uruguay sind preisgünstig. Je nach Ort liegen die Preise etwa bei der Hälfte der deutschen Preise, auf dem Land kann es noch günstiger sein. Die Fahrpreisberechnung in den größeren Städten ist allerdings etwas gewöhnungsbedürftig. Das Taximeter zeigt nämlich eine Zahl an, die der Fahrer sodann mittels einer Tabelle in den geschuldeten Fahrpreis umrechnet. In aller Regel geht es hierbei reell zu; und wer trotzdem noch Zweifel hat, kann sich ja die Tabelle zeigen lassen. Deren gibt es zwei, eine normale und eine für die Nacht- und Feiertagstarife. Auf dem Land werden die Tabellen nicht verwendet. Dort sagt der Fahrer einem, was es kostet; handeln braucht man in der Regel nicht.

Telefonanrufe nach Deutschland kosten in öffentlichen Telefonzentralen oder in Internetcafés ca. 15 bis 20 Cent pro Minute. Die Vorwahl von Uruguay ist 00598. Innerhalb von Uruguay gibt es seit 2010 keine Vorwahlen mehr; alle Telefonnummern haben acht Zahlen. In Montevideo beginnen die Nummern mit 2, außerhalb der Hauptstadt mit 4. Falls Ihnen in älteren Texten andere Nummern begegnen, können Sie sich meistens damit helfen, dass Sie die 0 der alten Vorwahl weglassen und statt dessen mit der 2 oder der 4 beginnen, je nach dem, wo der jeweilige Teilnehmer wohnt.

Es lohnt sich fast immer, mal bei den **Touristeninformationen** vorbeizuschauen. Man findet sie in aller Regel an den zentralen Plätzen und/oder in den Busbahnhöfen der jeweiligen Stadt. Die Mitarbeiter/innen sind meistens sehr hilfsbereit und kenntnisreich. Selbst Anrufe in Hotels oder kleinere Recherchen über Sehenswürdigkeiten, Öffnungszeiten, Fahrpläne etc. gehören bisweilen zum Repertoire. In allen Touristenbüros gibt es eine Reihe von Broschüren, Stadtplänen und Landkarten unterschiedlicher Qualität – von kaum brauchbar bis ausgezeichnet.

Die **Urlaubssaison** in Uruguay dauert (nur) von Januar bis Ostern. In dieser Zeit sind die Hotelpreise deutlich höher; sie können durchaus das Doppelte oder noch mehr betragen. So gesehen ist der Dezember ein idealer Reisemonat; das Wetter ist genauso schön wie in der Ferienzeit, die Strände sind aber nicht überlaufen und alles kostet weniger.

Ein **Visum** beantragen brauchen Sie für Uruguay nicht. An der Grenze bekommt man ein Touristenvisum für drei Monate in den Pass gestempelt.

Gegenüber Deutschland gibt es eine **Zeitverschiebung** von je nach Jahreszeit drei bis fünf Stunden nach hinten; um die Mittagszeit geht es bei Ihren Lieben zu Hause schon auf den Abend zu.

13. Schlaglicht
Ein Abstecher nach Buenos Aires

Dantes „Göttliche Komödie" in die Architektur übertragen: der Palacio Barolo

Wenn Sie schon einmal in der Nähe sind, warum nicht einen Abstecher zum Paris Lateinamerikas machen. Die argentinische Hauptstadt Buenos Aires ist nicht weit von Uruguay; von Montevideo sind es mit dem Schnellboot gerade mal drei Stunden, von Colonia del Sacramento ist es nur etwas mehr als eine Stunde. Buenos Aires ist einmalig; schillernder, eleganter, metropoliger als Montevideo, aber eben auch nicht so gemächlich.

Das Herz der Stadt schlägt in den Boulevards und Straßen um die *Avenida de Mayo* und die *Avenida 9 de Julio*; hier spürt man bei fast jedem Schritt das einzigartige Flair einer Stadt, die so atmet und pulsiert, wie es sonst nur Paris kann. Buenos Aires ist einzigartig in

Lateinamerika, mal keine Ansammlung von Säulengängen und Kolonialarchitektur, mal etwas weniger Blattgold, dafür französische Cafés, vom Zahn der Zeit angeknabberte Grandesse und charmante Großspurigkeit. In Buenos Aires liebt man das Wort Gran: Gran Hotel, Gran Café – fast alles möchte groß sein, vieles ist tatsächlich groß. Die Avenida 9 de Julio ist die breiteste Straße der Welt, mit 140 Metern und 20 Spuren großspurig im wahrsten Sinne des Wortes. Und an der Kreuzung mit der Avenida Corrientes, da reckt sich auf der riesenflächigen Plaza de la República ein 67 Meter hoher Obelisk in den Himmel. Das Teil war ursprünglich als Provisorium anlässlich des 400jährigen Stadtjubiläums im Jahr 1936 gedacht. Doch er blieb einfach stehen und wurde zum Wahrzeichen der Stadt – auch das ist Buenos Aires.

Highlights:

Die **Avenida de Mayo** verbindet mit all ihrer verblichenen Pracht den rosa angepinselten Präsidentenpalast mit dem Kuppelbau des Kongressgebäudes, das ein wenig an das Kapitol in Washington erinnert. Ein Spaziergang über den Boulevard führt vorbei an reich verzierten Fassaden, Stadtpalästen und eleganten Kuppeldächer, Marmortreppen und schmiedeeisernen Portalen, griechischen Säulen und Putten, französischen Cafés und Zeitungskiosken, Geschäften und Restaurants; ein Spaziergang über die Avenida de Mayo ist fast schon eine Reise mit der Zeitmaschine in das Paris Hemingways – ein Fest fürs Leben, das über die Jahre seine Spuren hinterlassen hat. Hier bröckelt eine Fassade, dort fehlt eine Platte des edlen Trottoirs; Schatten spendende Jacaranda-Bäume und Platanen tauchen die vergängliche Pracht in ein mildes Licht – könnte eine Filmkulisse denn schöner sein?

Mein persönlicher Favorit auf der Avenida de Mayo ist der **Palacio Barolo**; genau genommen bin ich hauptsächlich nach Buenos Aires gefahren, um mir dieses einzigartige Hochhaus mit der Hausnummer 1370 anzuschauen. Bauherr Luis Barolo und Architekt Mario Palanti waren beide Fans des italienischen Dichters Dante Alighieri. Das bizarre Gebäude will Dantes „Göttliche Komödie" in die Architektur übertragen: Der Keller und das Erdgeschoss sollen die Hölle darstellen, die ersten 14 Etagen das Fegefeuer, und ab Etage 15 ist man dann im Himmel. Barolo und Palanti waren so auf Dante abgefahren, dass sie die sterblichen Überreste des Dichters in ihrem mit kurvigen Ornamenten überladenen Palacio Barolo beisetzen wollten – welch ein Mausoleum wäre das gewesen. Stilistisch ist das Ganze irgendwo zwischen Art Decó, Jugendstil und total verrückt einzuordnen, auch ohne Dantes Reliquie. Von 1923 bis 1928 war der hundert Meter hohe, abgedrehte Wolkenkratzer das höchste Gebäude Lateinamerikas – bis Mario Palanti den fünf Meter höheren Palacio Salvo in Montevideo schuf. Das kleine Büro von Palacio Barolo Tours im 9. Stock bietet

Buenos Aires, das Paris Lateinamerikas

Führungen an, bei denen man bis zu der himmlischen Kuppel im 22. Stock gelangt. Die Aussicht über die Stadt ist herrlich. Montags und donnerstags gibt es mehrere Führungen am Nachmittag, mittwochs und freitags jeweils eine Führung am Abend (vgl. www.palaciobarolotours.com.ar).

Was in Paris das Moulin Rouge oder das Folie Bergère, das sind in Buenos Aires die **Tangoshows** – nicht immer ganz so glamourös, dafür romantischer, und in ihrer Kleinkunst-Dramatik sicher einen Tick erotischer. Tango, jene geniale Mischung aus halbseidenem Varieté und großer, tragischer Kunst. Tango, ein trauriger Gedanke, den man tanzen kann, wie der Komponist Enrique Santos Discépulo es so schön formulierte. Der Tango, tausendfach kopiert, doch richtig gut und authentisch ist er nur in Buenos Aires – vielleicht noch in Montevideo. Tango-Shows gibt es in Buenos Aires so viele wie Brauhäuser in Bayern. Qualität und Preise sind sehr unterschiedlich. Mir hat es im **El Querandí** auf der *Calle Peru* richtig gut gefallen: Eins der alt eingesessenen Lokale in einem stilvollen Haus aus dem Jahre 1867; der Saal ist nicht so riesig, und das Dinner vor der Show ist anständig (ca. 60 Euro mit Essen und Getränken). Eins der bekanntesten und traditionsreichsten Tangolokale überhaupt ist die **Confitería Ideal** auf der *Calle Suipacha 380/4*. Hier kann man in herrlichen Belle-Epoque-Räumen auch selber Tango lernen.

Tipps:

Der Präsidentenpalast an der Plaza de Mayo heißt nicht nur **Casa Rosada**, er ist tatsächlich rosa. Das muss kein Kitsch sein, es könnte eine tiefere Bedeutung haben. Im 19. Jahrhundert existierten zwei verfeindete, politische Gruppierungen in Argentinien. Die Unitarier

Der Präsidentenpalast Casa Rosada ist tatsächlich rosa

schmückten sich mit weiß, die Föderalisten mit rot. Der damalige Präsident Sarmiento soll beides als Zeichen der nationalen Einheit zu jener Farbe gemischt haben, die auch Paulchen Panther berühmt gemacht hat. Ganz genau weiß man nicht, ob diese Geschichte stimmt, sympathisch ist sie allemal. Legendär sind die Balkone der Casa Rosada, von denen die argentinischen Präsidenten ihre Reden halten; hier haben schon Juan und Eva Perón die Massen begeistert – und Madonna durfte von diesen Balkonen in der Verfilmung des Musicals Evita ihr „Don't cry for me Argentina" singen.

Ebenfalls an der *Plaza de Mayo* steht die **Kathedrale** von Buenos Aires. Ihre Front sieht aus wie ein römischer Tempel; im Inneren hat der argentinische Volksheld José de San Martín seine letzte Ruhe gefunden. Nicht zur Ruhe gekommen sind die **Madres de la Plaza de Mayo**. Seit nunmehr 35 Jahren versammeln sich die Mütter jeden Donnerstag auf dem Platz vor dem Präsidentenpalast, um still gegen das Verschwinden ihrer Kinder während der Militärdiktatur zu protestieren. Ein wahrhaft trauriges Jubiläum. Das Erkennungszeichen der Madres de la Plaza de Mayo, ihre weißen Kopftücher sind rund um die kleine Pyramide auf den Boden des Platzes gemalt.

Auf der Avenida de Mayo und ihren Nebenstraßen gibt es eine Reihe von alteingesessenen, etwas angestaubten Hotels, in denen man günstig und stilsicher übernachten kann. Ich war sehr zufrieden im **Gran Hotel España** auf der *Calle Tacuari 80*. Der wunderbare alte Kasten blickt auf eine 70jährige Geschichte zurück und sagt uns, so mag früher mal ein Gran Hotel ausgesehen haben (Doppelzimmer mit Balkon 25 Euro).

Für alle, die es lieber auf Modern getrimmt hätten: Im NH City&Tower Hotel verbirgt sich hinter einer historischen Hochhaus-Fassade aus dem Jahre 1931 ein schickes, voll klimatisiertes Innenleben aus dem 21. Jahrhundert. Auf dem Dach ist ein Schwimmbad mit Blick über die Stadt installiert. Das Hotel liegt supergünstig, einen halben Block von der Plaza de Mayo auf der *Bolívar 160* (Doppelzimmer etwa 100 Euro).

Ewige Gäste im Café Tortoni

Buenos Aires ist eine Stadt der **Cafés vom alten Schlag**, in denen es zwischen Spiegeln, Kronleuchtern und viel dunklem Holz so herrlich nach Kaffee und Belle Epoque duftet. Der Star unter ihnen ist das mondäne **Café Tortoni** auf der *Avenida de Mayo 825-9*. Es hat mehr als 150 Jahre auf dem Buckel und bietet jedem Wiener Kaffeehaus Paroli. Pompöse Säulen und schwere Armstühle aus Leder, Bilder, Bücher und Büsten, reich verzierte Opa-Lampen und bunte Glasmalereien – hier sind die prächtigen, alten Zeiten einfach nicht vergangen. Drei seiner Stammgäste sind als Wachsfiguren für immer im Tortoni geblieben: Nationalschriftsteller Jorge Luis Borges, Tangostar Carlos Gardel und die feministische Avantgarde-Dichterin Alfonsina Storni. Falls Ihnen im Tortoni zu viele Touristen sind, gehen Sie einfach ein paar Ecken weiter; Kaffeehäuser mit Stil werden Sie in der Innenstadt allenthalben finden. Eine nette Adresse mit Traditionsflair ist zum Beispiel die Bar **Cafetería Bidou de Lavalle** auf der *Calle Lavalle 312, Ecke 25 de Mayo*.

Das Restaurant **Palacio Español** an der *Avenida 9 de Julio*, ein Block südlich von der Avenida de Mayo ist im wahrsten Sinne des Wortes ein Palast, voller Stuck und Säulen, an der Wand ein dramatisches Gemälde der Seeschlacht von Lepanto im Kinoleinwandformat. Einwandfreie Küche und geschultes Personal vom alten Schlag.

Ein Muss für Opernfans: Das **Teatro Colón** an der *Avenida 9 de Julio* auf der Höhe der *Calle Tucumán*. Plüsch und Blattgold bis zum Abwinken; seine traumhafte Akustik braucht sich vor der Wiener Staatsoper oder der Mailänder Scala nicht zu verstecken.

Nightlife ganz groß, dafür steht die **Avenida Corrientes**, manche sagen der Broadway von Buenos Aires. Theater, Kinos und Cabarets, Buchläden und Cafés für die ruhigeren Vertreter, unzählige Restaurants, Pizzerien und Bars, Tanzschuppen und Tango-Shows bis der Arzt kommt, und der kommt erst, wenn der Morgen graut.

Puerto Madero, der alte Hafen von Buenos Aires, ist heute eine schicke Flaniermeile. Wie eine leuchtend weiße, in die Lüfte strebende Museums-Installation spannt sich die Puente de la Mujer über das Hafenbecken. Die Fregatte Sarmiento aus dem Jahre 1887 erinnert an längst vergangene Zeiten. In den aufgelackten, historischen Speichern aus Backstein reiht sich ein schickes Lokal ans andere. Sehr zufrieden war ich in dem recht exquisiten Restaurant **Bahía Madero**, *Avenida Alicia Moreau de Justo 410.*

Putzig und irgendwie außerirdisch wirkt der kleine **Leuchtturm** im Hafen von Buenos Aires. Achten Sie mal drauf; der könnte sogar ein Foto wert sein.

In dem historischen Stadtviertel **San Telmo** finden Sie noch abgetretenes Kopfsteinpflaster, auch die Kolonialarchitektur, die man im eigentlichen Zentrum vor etwas mehr als hundert Jahren abgerissen hat, um das Paris Lateinamerikas zu bauen. Die lauschige Plaza Dorrego ist voll von schummerigen Tango-Bars, trödeligen Antiquitätengeschäften und gemütlichen Cafés. Spätestens am Sonntag tanzt in den Gassen um die Plaza der Touristenbär; dann findet nämlich der traditionelle Flohmarkt statt, auf dem, neben Kunst, tatsächlich nur alte Sachen verkauft werden dürfen. Auch Einheimische kommen hier gerne hin.

Wenn man ein bisschen von der Seele Argentiniens erspüren möchte, lohnt sich ein Besuch am **Grab von Eva Perón**, der charismatischen Frau des ehemaligen Präsidenten Juan Perón. Noch heute, mehr als 60 Jahre nach ihrem Tod, trauern unzählige Argentinier/innen um ihre Evita – dabei heißt es doch in dem Lied: „Don't cry for me Argentina." Es heißt in der herzzerreißenden Ballade aber auch: „Ich hab' Dich nie verlassen"; und so ist es. Evita Perón, die an der Seite ihres Mannes Politik machte und den Argentinierinnen das Wahlrecht

Der kleine Leuchtturm im Hafen von Buenos Aires

brachte, ist unsterblich wie eine Heilige. Ihre Grabstätte aus schwarzem Marmor steht auf dem Prominentenfriedhof in dem vornehmen Stadtteil La Recoleta. Der feudale Gottesacker mit seinen prächtigen Mausoleen, kunstvollen Statuen und bildschönen Engeln ist überhaupt einen Besuch wert – man hat die Auswahl zwischen 6000 Gräbern.

Wo wir einmal beim Grabtourismus sind: die letzte Ruhestätte von Tango-Idol **Carlos Gardel**, der uns in Uruguay so oft begegnet ist, befindet sich auf dem Friedhof Chacarita im Westen der Stadt. Seine Statue hat fast immer eine Zigarette in der Hand. Der passionierte Raucher Gardel ist aber keineswegs an den Glimmstengeln gestorben. Er kam während einer Welttournee im Juni 1935 bei einem tragischen Flugzeugunfall in Kolumbien ums Leben. Halb Argentinien trauerte, einige seiner Fans haben Selbstmord begangen. Andere trauern lebensbejahender und drücken ihrem Idol bis zum heutigen Tag brennende Zigaretten in die Hand aus Bronze.

In Argentinien bezahlt man mit **Pesos**, doch es sind andere Pesos als in Uruguay; für einen Euro bekommt man etwa 530 Pesos Argentinos. Nach der Freigabe des Wechselkurses im Jahre 2002 ist Argentinien ein traumhaft billiges Reiseland geworden. Im Großen und Ganzen kann man sagen, dass es meistens nur die Hälfte kostet wie in Uruguay; das gilt vor allem für die Gaststätten. Lassen Sie es sich schmecken; in Buenos Aires gibt es reihenweise **ausgezeichnete Restaurants**.

Geheimtipps:

Gleich gegenüber vom Palacio Barolo auf der *Avenida de Mayo* gibt es ein **„Restaurante Tenedor Libre"**. Für den unschlagbaren Pauschalpreis von umgerechnet etwas mehr als fünf Euro kann man sich von einem riesigen Buffet und einem XXL-Grill so viel und so oft auf die Teller schaufeln, wie man will. Die Essensberge sind dabei durchaus schmackhaft, und zum Großen Fressen wurde Beethovens Ode an die Freude aufgelegt – ein gelungener Abend!

Wenn Sie in dieser wunderbaren Stadt plötzlich traurig werden, ist auch das nicht wirklich ein Problem. Denn Buenos Aires hat die höchste **Psychologendichte** in der ganzen Welt. Auf 125 Einwohner/innen kommt ein Therapeut; zum Vergleich: in Berlin müssen 4000 Menschen mit einem einzigen Seelenklempner auskommen. Im Stadtteil Palermo gibt es ein Viertel, das wegen der vielen Psychologen/innen Villa Freud genannt wird. Treffpunkt aller Psychos ist das famose Café Sigi an der Plaza Güemes.

Für die Damenwelt: Gönnen Sie sich ein Abendessen in einem guten Restaurant; nirgendwo auf der Welt werden Sie von so **galanten Kellnern** umgarnt und verwöhnt wie in Buenos Aires.

Kuriositäten:

Häuser und schiefe Hütten aus knallbuntem Wellblech, erotischer Straßentango, kitschige Andenken und Kunst, die vielleicht gar keine Kunst ist, das ist das Sträßchen **Caminito** im Ortsteil La Boca. Das alles mag Geschmacksache sein; in einer anderen Stadt als Buenos Aires gibt es so etwas jedenfalls nicht. Das Gässchen hängt übrigens mit dem berühmten Tango „Caminito" zusammen; man weiß nur nicht so genau, ob der Ort nach dem Lied benannt ist oder umgekehrt.

Im Jahr 2013 wird die **Subte** genannte U-Bahn von Buenos Aires ein Jahrhundert alt. Eine Fahrt mit der Linie A ist ein kleiner Ausflug in die Vergangenheit. Im Wechsel mit neueren Gefährten leisten museumsreife Waggons mit Holzbänken, Lampenschirmen und abgegriffenem Chrom noch immer ihren treuen, klapprigen Dienst. Die Linie A verläuft unter der Avenida de Mayo; die sehenswerte Station Peru ist fast so erhalten, wie sie vor knapp hundert Jahren einmal war.

Das **Bierhaus Untertuerkheim**, *Calle Tacuari Ecke Calle Humberto*, eine Kneipe, die wirklich in Untertürkheim stehen könnte; es gibt sogar eine Speisekarte auf Deutsch mit Leberwurst, Sauerkraut und Kassler.

Das Herz der Stadt schlägt in den Boulevards und Straßen

Bücher:

Tomás Eloy Martínez
Der Tangosänger, 2004

Ganz schön skurrile Geschichte eines amerikanischen Studenten, der in Buenos Aires auf den Spuren des Nationalschriftstellers Jorge Luis Borges und eines erfolglosen Tangosängers wandelt. Dabei ist dieser Sänger besser als der berühmte Carlos Gardel. Der Autor entführt Sie hinter die Kulissen von Buenos Aires, in Kneipen, Markthallen, stillgelegte Wasserwerke, Schlachthöfe und andere bizarre Orte, die man in keinem Reiseführer findet – und vielleicht auch nicht alle unbedingt gesehen haben muss. Die Story hat Tiefgang; streckenweise ist sie etwas hakelig geschrieben. Der vorletzte Absatz des Buches ist genial – bitte wirklich erst zum Schluss lesen.

Tomás Eloy Martínez
Santa Evita, 1997

Die Geschichte ist unglaublich, aber wahr: Die Leiche der Nationalheldin Eva Perón wird entwendet, nach Italien gebracht und dort anonym bestattet. Eloy Martínez hat einen Roman daraus gemacht.

Bettina Isabel Rocha
Tango mit Inés, 2010

Ein lesbischer Roman mit guter Story in leichter, ansprechender Sprache. Die begnadete, aber erfolglose Malerin Marí begeht im Jahre 1979 Selbstmord. 25 Jahre später: Marís Nichte, die Tangolehrerin Elena will herausfinden, was im Leben ihrer Tante wirklich passiert ist. Eine spannende Spurensuche beginnt, erst in Buenos Aires und dann auf Gran Canaria. Dabei lernt Elena Inés kennen und verliebt sich in sie – denn „Tango mit Inés" ist ja ein lesbischer Roman. Als Mann fand ich das bei den attraktiven Protagonistinnen ein bisschen schade; doch es war schon ganz interessant, mal zu lesen, wie Frauen sich verlieben und wie sie miteinander ficken – so jedenfalls nennt die Autorin das. „Tango mit Inés" hat auch einiges an Lokalkolorit zu bieten, in Buenos Aires wie auf der Kanaren-Insel. Mittlerweile ist der Nachfolgeroman „Buenos Aires, mi amor" erschienen, in dem die nicht so wirklich beendete Geschichte weitergeht.

Manuel Vázquez Montalbán
Quintett in Buenos Aires, 1997, 2002

Eine gute Nachricht für alle Fans des katalanischen Gourmets und Meisterdetektivs; Pepe Carvalho ermittelt in Buenos Aires. Dabei wusste er zunächst nur drei Dinge über die Stadt am Río de la Plata: Tango, Verschwundene und Maradona. Doch dann steigt Carvalho ein in Geschichte, Politik und Mentalität, zeichnet ein vielschichtiges Bild von Buenos Aires. Er tut dies mit seiner ganz eigenen Sichtweise, manchmal mit ziemlich verschwurbelten Gedankengängen. Für die Leser/innen sind seine Betrachtungen nicht immer ganz leichte Kost, doch genau so kommt der exzentrische Detektiv der Lösung seiner Fälle halt näher.

Filme:

In ihren Augen
Juan José Campanella, 2010

Bei meiner Buenos Aires-Recherche bin ich auf diesen Mystery-Thriller der Extraklasse gestoßen. Es ist nicht wirklich ein Buenos Aires-Film; die genial aufgebaute Geschichte könnte auch woanders spielen. Doch dieser Streifen ist einfach meisterhaft und voller völlig unerwarteter Wendungen. Der Film hat seinen Oscar verdient; lassen Sie sich überraschen.

Evita
Sir Alan Parker, 1996

Die Verfilmung des gleichnamigen Musical von Andrew Lloyd Webber ist ein monumentaler Rausch aus Bildern und Musik, Unterhaltung, die ans Herz geht. Madonna sieht Eva Perón nicht nur ähnlich, sie kriegt die unvergessene Evita auch hin. Weniger authentisch kommt die Stadt Buenos Aires rüber, obschon einige Szenen am Originalschauplatz gedreht wurden. Doch in den Bars wird noch nicht einmal Tango gespielt. Perón und seine Evita werden nicht besonders sympathisch gezeichnet; das mag daran liegen, dass es sich um eine US-amerikanische Produktion handelt. So manchem Kritiker war die Inszenierung auch zu bombastisch, zu pathetisch und zu theatralisch – doch Evita ist nun mal die Heilige einer Nation, der das Melodramatische und die großen Gefühle nicht so ganz fremd sind.

Die dunkle Seite des Herzens
Eliseo Subiela, 1992

Kein Film für Moralapostel, auch nichts für Feministinnen. Abgedrehte Künstler, schummerige Bars und viel Sex; eigentlich geht es in dem streckenweise schreiend komischen Film fast nur um Sex. Der Gelegenheitsdichter und Tunichtgut Oliverio streift durch die Bars und Kaffeehäuser von Buenos Aires und sucht nach einer Frau, die mit ihm beim Liebemachen abhebt, die fliegen kann beim Sex. Doch keine seiner Eroberungen besteht die Flugprüfung im Bett. Schließlich versucht Oliverio sein Glück auf der anderen Seite des Río de la Plata, in Montevideo. Endlich lernt er in einer Rotlichtbar eine kluge Frau kennen, die tatsächlich fliegen kann. Doch Ana fliegt nur für Geld – für 100 Dollar die Stunde. Die dunkle Seite des Herzens ist eine bizarre Liebesgeschichte der anderen Art, die auf beiden Seiten des Río de la Plata noch so manch absurde Wendung nimmt. Das Herz hat halt zwei Seiten, die helle und die dunkle. Legendär ist der Gastauftritt von Mario Benedetti; der berühmte Schriftsteller mimt einen alten Seemann, der in einer schummerigen Nachtbar ein Gedicht in deutscher Sprache vorträgt.

Gran Hotel España
011 43435541
011 43435542

NH City & Tower Hotel
011 41216464
nhcity@nh-hotelc.com
www.nh-hotels.com

Daniel A. Kempken

Schlaglichter Ecuador 2010

Insider-Reiseführer und unterhaltsames Lesebuch zugleich.

Der Autor beschreibt die touristischen Highlights der faszinierenden Andenrepublik und gibt hilfreiche Tipps. Er macht Momentaufnahmen von Menschen und Plätzen und hat Geheimtipps parat, die man so leicht nirgendwo anders findet. Das Buch lenkt die Blicke seiner Leserinnen und Leser hinter die Kulissen und auf Kuriositäten am Rande der Touristenpfade. Für die, die noch mehr über Ecuador lesen möchten, enthält das Buch eine bisher einzigartige Bibliografie mit über 40 Rezensionen.

Die **Schlaglichter Ecuador 2010** sind weit mehr als eine 2. Auflage des Büchleins, das vor fünf Jahren erschienen ist. Daniel A. Kempken hat bei seiner aktuellen Recherche vieles neu entdeckt. So entführt er seine Leserinnen und Leser in verborgene Ecken des kolonialen Quitos, aber auch in neue Restaurants, in das einzigartige Cuyabeno-Reservat und zum bezaubernden Minenstädtchen Zaruma. Diesmal hat er auch Galápagos erkundet, jenes unvergleichliche Paradies der Evolution, das so manches andere touristische Highlight locker in den Schatten stellt.

Brosch., 156 Seiten, zahlreiche Farb- und s/w-Fotos,
ISBN: 9783833431463, € 13,50

Erhältlich bei www.amazon.de und in jedem Buchladen

Auch als e-Book erhältlich
Leseprobe bei **www.danielkempken.de**

Daniel A. Kempken
Schlaglichter Kanarische Inseln

Die Idee der Schlaglichter ist es, Leserinnen und Lesern ein Büchlein an die Hand zu geben, das alle Topp-Highlights und viele nicht so bekannte Attraktionen beschreibt. Es enthält für jede Insel mehr spannende Orte als Reisende in einem normalen Urlaub besuchen können. Dazu gibt es Hotel- und Restaurant-Tipps, Rezensionen von Büchern, die auf den Inseln spielen, und unterhaltsame Hintergrundinfos aus Geschichte, Kultur und dem Kuriositätenkabinett.

Die Schlaglichter sind ein fröhliches Lesebuch zum Schmökern und erheben dabei überhaupt keinen Anspruch auf Vollständigkeit. Im Gegenteil: sie sind ideal für alle, denen die Urlaubszeit zu kostbar ist, um einen dicken Reiseführer zu studieren und die nicht für jede Insel ein neues Buch kaufen wollen. Das Büchlein kann auch bei der Entscheidung behilflich sein, welche der Kanarischen Inseln für Ihren nächsten Urlaub die Beste ist.

1. Aufl. 2011, brosch., 148 Seiten, zahlreiche Farb- und s/w-Fotos
ISBN: 9783842378865, € 13,50

Erhältlich bei www.amazon.de
und in jedem Buchladen

Auch als e-Book erhältlich
Leseprobe bei **www.danielkempken.de**

Daniel A. Kempken
Schlaglichter Berlin

Der etwas andere Reiseführer. Zum Kennenlernen von Berlin und zum Schmökern. Für Leute, die noch nie in Berlin waren und für Leute, die schon seit 20 Jahren dort wohnen.

Nach fünf Jahren im südamerikanischen Ecuador hatte es den Autor nach Berlin verschlagen. Er merkte schnell, dass die deutsche Hauptstadt alles andere ist als eine gewöhnliche Metropole. Wie kaum irgendwo sonst gibt es neben einem beachtlichen Reigen an Sehenswürdigkeiten eine Vielzahl von außergewöhnlichen, einzigartigen, manchmal exotischen und geheimnisvollen Orten. Also hat er sich in seiner neuen Heimat auf die Socken gemacht und ist dem Besonderen nachgespürt.

Herausgekommen sind die **Schlaglichter Berlin**, ein Reiseführer für Leute, die

- kein dickes Buch mit sich herum schleppen wollen,
- die touristischen Highlights kennen lernen wollen,
- den einen oder anderen Geheimtipp suchen,
- Spaß an Kuriositäten haben,
- Restaurants, Kneipen und Orte mit Authentizität bevorzugen
- und sich über Tipps für gute Berlin-Bücher und -Filme freuen.

1. Auflage 2009, brosch., 148 Seiten, zahlreiche Farb- und s/w-Fotos, ISBN: 978-3-8391-2439-0, € 13,50

Erhältlich bei www.amazon.de und in jedem Buchladen

Auch als e-Book erhältlich
Leseprobe bei **www.danielkempken.de**

Außergewöhnliche Bilder für Anspruchsvolle

3 Beispiele von mehr als 100 Fotocollagen im Format 123 x 60 cm.

www.stadt-land-bild.de

Stadt-Land Bild

Kreuz und quer durch Deutschland

Die *neue* Art der Information und Faszination:

Ein *multimediales Bilderbuch*
über deutsche Städte und Landschaften
fürs iPad

Ein Bilderbuch in 11 Kapiteln
mit ca. 270 Druckseiten
und über **1.600 Farbaufnahmen**
in ca. **150 Fotogalerien**
Größe: ca. **1GB**

Kreuz und quer hat der Autor die Republik bereist und in über 1.600 Bildern festgehalten, was ihm sehens- und mitteilenswert erschien. Dabei findet sich Bekanntes wie auch Unbekanntes, touristische Highlights ebenso wie Bemerkenswertes am Rande. Erläutert werden die Fotos durch kurze, informative Texte.
Ein **digitales Bilderbuch** für alle, die auf ihrem iPad eine kurzweilige Reise durch Deutschland unternehmen möchten oder auch jene, die Anregungen suchen für ihre nächste Urlaubs- oder Wochenendreise. Bildschirmfüllende, brilliante Aufnahmen und unterhaltsame, einführende Texte von Daniel Kempken zu den einzelnen Zielen sowie eine Verlinkung zu interessanten, relevanten Webseiten helfen dabei.

Aus dem Inhalt: Hansestadt Bremen · Hafen Hamburg · Insel Sylt · Hansestadt Lübeck · Hansestadt Rostock · Insel Rügen · Schlosspark Ludwigslust · Flusslandschaft Elbe Brandenburg · Altmark · Berlin · Scharmützelsee · Halbinsel Werder · Dresden · Von Dresden nach Bad Schandau · Meißén und Schloss Moritzburg · Görlitz · Quedlinburg · Leipzig · Weimar · Erfurt · Wartburg · Das Tal der Wupper · Düsseldorf · Köln · Oberes Mittleres Rheintal · Rhodt unter Rietburg · Frankfurt am Main · Heidelberg · Passau · Der Regen bei Roding · Wasserburg am Inn · Burghausen · Allgäu · München · Chiemsee

Auf Wiedersehen …

… und kommen Sie bald wieder nach Uruguay